나는 해낼 수 있다는 믿음이 인생을 바꾼다

365 WAYS TO DEVELOP MENTAL TOUGHNESS

＋＋＋＋

나는 해낼 수 있다는 믿음이 인생을 바꾼다

1일 1페이지
나의 잠재력을 100% 끌어올리는 방법

페니 맬러리 지음 | 박혜원 옮김

365 Ways to Develop Mental Toughness

by
Penny Mallory

더퀘스트

누구도 나에게
새로운 인생을 선물할 수 없다.

세상을 살며 만나는 사람들 가운데
나를 절대 떠나지 않을 유일한 사람은
바로 나 자신이다.

나만이 인생의 문제를 해결할 해답을 갖고 있다.

내가 그 해답이다.

동시에 나는 내 인생의 가장 큰 장애물이다.

나는 스스로 문제이자, 답이자, 해결책이다.

내가 겪는 모든 일에서.

결국,
"나는 해낼 수 있다"는 믿음이
나의 인생을 바꿀 것이다.

예리한 통찰력과 멘탈력을 기를 수 있는 노하우가 꽉 들어찬 이 책은 당신의 인생을 바꿀 만큼 강렬하고도 임팩트 있다. 인생을 바라보는 관점을 완전히 전복시키는 데 필요한 모든 정보가 담겨 있다. 침대 맡에 놓아두고 매일 밤 자기 전마다 가까이하기를 권한다.

- 앤드리아 매클레인, 사고방식 멘토, 《선데이 타임스》베스트셀러 작가, This Girl Is On Fire 공동 창립자

멘탈력을 기르는 팁으로 가득한 이 훌륭한 책을 강력하게 추천한다. 개인적으로 인질 협상 요원으로 근무하면서 이런 일상적인 통찰이 얼마나 귀중한지, 매일 겪는 스트레스와 압박감을 관리하는 데 얼마나 큰 도움을 주는지 잘 안다.

- 커크 킨넬, 전문 협상가이자 전 인질 협상 요원

실천 가능한 팁들과 짧은 글, 다양한 방법으로 구성된 환상적인 모음집이다. 이 책을 읽는다면 멘탈력이 왜 이토록 중요한지 깊이 깨닫게 될 것이다.

- 더그 스트리차크직, CEO, AQR 인터내셔널. 멘탈력 개념의 세계적인 리더

일생의 지혜를 365개의 문장으로 간결하게 정리한다. 멜러리는 멘탈력에 관해서라면 논란의 여지없는 가장 저명한 인물이다. 승률을 올리고 싶은가? 이 책을 읽어라.

- 캐스파 크레이븐, 리더십 및 팀워크 연설가, 전 CFO이자 작가, 사업가

사업을 운영하고, 탐험가로 활동하면서 여러 가지 힘든 상황에 수없이 직면했다. 스트레스를 다루는 기술을 배워놓는다면 분주한 삶을 탐험할 때 헤매지 않을 실마리가 된다. 이전까지는 멘탈력이 강한 사람들을 '특별'하리라 짐작했지만, 이 책 덕분에 그렇지 않다는 사실을 깨달았다. 태어나면서부터 멘탈력이 강하거나 내적 회복 탄력성이 좋은 사람은 없다. 이는 수년간 노력한 끝에 발전시킨 감각이다. 회복 탄력성과 결단력을 강화시키려 각종 도구와 기술을 연습하면서 감정을 더 잘 컨트롤하기 위해 노력한 결과물이었다. 그들은 언제나 좌절은 피할 수 없으나 일시적인 것이며, 잘 대응하면 된다는 사실을 받아들이기 위해 고군분투했다. 이 책에서 저자는 세상이 당신에게 어떤 문제를 던지든 계속 앞으로 나아가고 성공하는 데 필요한 도구와 기술, 즉 회복 탄력성과 멘탈력을 개발하는 프로세스를 알려준다. 이 책을 읽고 성장하라!

- 케빈 개스켈, 기업주이자 저자, 탐험가

한국어판 서문

한국의 독자 여러분.《나는 해낼 수 있다는 믿음이 인생을 바꾼다(원서명: 365 Ways to Develop Mental Toughness)》의 한국어판이 나온다는 소식을 듣고 얼마나 기뻤는지 모릅니다. 이 책에 들어 있는 다양한 팁이 여러분에게 여러 가지 도움을 주리라 확신합니다. 저를 믿고 한번 끈기 있기 실천해보세요. 그렇게 하면 당신의 삶이 크게 발전한다는 것을 믿어 의심치 않습니다.

한국에도 성공한 사람이 많이 있습니다. 한국 사람들은 열정과 끈기, 긍정적인 에너지와 목표를 향한 노력이 뛰어나다고 알고 있습니다. 한국을 벗어나 지구촌 어디든, 어떤 분야든 성공한 사람이라면 멘탈력이 강하다는 공통점을 찾을 수 있습니다. 그가 운동선수든, 과학자든, 기업가나 정치인이든 혹은 부모일지라도 특정 분야에서 탁월한 사람이라면 강한 멘탈을 소유하고 있습니다.

무엇이 성공인가에 대한 정의는 사람마다 다를 것입니다. 한국이라는 나라에서 사회와 문화적 관점에서의 성공은 다른 나라와 비슷하기도 하며 다를 수도 있습니다. 그러나 전

세계 어디에서든 분명한 점이 있습니다. 어려움이 가득한 상황 속에서도 반드시 해내고 말겠다는 강한 멘탈로 작은 목표를 하나씩 달성하는 일은 '성공'이라 부를 수 있을 만큼 가치가 있다는 것입니다. 이러한 작은 성공이 켜켜이 쌓이면 인생에 놀라운 변화가 찾아올 것이라 확신합니다.

더욱 쉽게 멘탈력을 기를 수 있도록 의도적으로 디자인된 이 책을 통해 한국의 많은 독자가 도움을 얻길 기대합니다. 제가 제시하는 365가지 아이디어를 규칙적으로 연습하시길 바랍니다. 그리고 내면을 관찰하며 아주 조금씩 무엇이 달라지고 있는지 느껴보세요. 당신이 꼭 해낼 수 있다고 믿는다면 시간이 흐른 후 충분히 달라진 당신을 만날 수 있을 거예요. 한국의 독자를 진심으로 응원합니다.

들어가며

전 세계 어디든, 운동선수나 과학자, 기업가, 정치인, 부모든 상관없이 '한 분야에서 성공을 거둔 이는 멘탈력이 강인하다'는 명제는 진실로 통한다. 특정 분야에서 탁월한 성취를 거둔 사람이라면? 분명 강한 멘탈의 소유자일 것이다.

성공하기는 쉽지 않다. 인생에서 누구든 힘든 일과 상황을 매일같이 맞닥뜨린다. 좌절과 위기, 비극, 고난과 같은 어려운 상황들은 인생의 일부일 수밖에 없다. 이를 피할 수 있는 이는 전무하다. 다른 점이 있다면, 성공하는 사람은 부정적인 상황들을 맞이하는 마음가짐이 남다르다는 것이다.

멘탈력이 강한 사람들은 스트레스와 삶의 압박을 유순하게 대처한다. 그들은 위기 안에서 오히려 기회를 찾아낸다. 스스로 다시 일어나 앞으로 묵묵히 나아간다. 겸손하면서도 자신감이 넘치고, 내내 평정심을 유지하는 자세 또한 남다르다. 이루고자 하는 목표가 있다면 온 마음을 다해 헌신한다.

이렇게 적어놓고 보면 강인한 멘탈은 일부 특별한 이들만 갖출 수 있는 자질로 보인다. 사실은 그렇지 않다. 누구도 태어났을 때부터 멘탈이 강했던 것은 아니다. 오랜 시간을 들여 갈고닦아왔을 따름이다. 강한 멘탈을 갖출 때까지 그들은 끝없이 의식적으로 연습하고, 회복 탄력성을 키우려 노력하며, 결단력과 감정조정 능력, 집중력을 높이기 위해 아등바등 애써왔고, 그 결과 놀라울 만한 성과를 얻은 것이다. 그러니 여러분도 할 수 있다. 만약 스트레스와 압박감에 잘 대응할 수 있다면 행복하고 즐거우면서도 성공적인 삶을 누리게 될 것이다. 반대로 수많은 압박을 제대로 대처하지 못하고 스스로 무너져버린다면, 재미와 행복, 건강 등과 점차 멀어질 확률이 높다.

이 책은 당신의 멘탈력을 강화시키는 데 도움을 줄 만한 새로운 아이디어를 매일같이 제시할 것이다. 책에 언급되는 아이디어들을 규칙적으로 연습해보자. 그리고 삶이 어떻게 달라지는지 꾸준히 살펴보자. 매일같이 내 삶에 적용하다 보면 어느 순간 강인해진 멘탈을 느끼게 될 것이다.

일부 조언들은 비슷한 말들처럼 느껴지기도 할 것이다. 이는 중요한 개념이나 아이디어, 주제이기에 마음 깊이 새길 수 있도록 의도적으로 반복해 적어놓은 것이다. 그러니 특히 유념해서 과제를 달성해보자.

마지막으로 오늘이야말로 이런 긍정적인 변화를 시작하는 데 가장 좋은 날임을 명심하기 바란다!

목차

내 삶의 목적을
뚜렷하게 이해하기

제1장

001 ~ 030

인생의 정답은 앞에만 있지 않다.
잠시 한 걸음 뒤로 물러 나도 괜찮다는 사실을 인정하면
좀 더 유연한 결정을 내릴 수 있을 것이다.

선의로 한 행동에 대가를 바라지 않기

어느 날 목구멍에 뼈가 걸려 고생하던 늑대가 두루미에게 도움을 청하기로 했다. 큰돈을 주겠다는 약조와 함께 늑대의 목에 머리를 집어넣어 뼈를 제거해달라고 부탁한 것이다. 그의 목에 억지로 머리를 집어넣어 목구멍에서 무사히 뼈를 꺼낸 두루미는 늑대에게 보상을 요구했다. 그 말에 늑대가 빙긋 웃더니 이렇게 대답했다. "너를 잡아먹지 않았으니 그것만으로도 이미 충분한 보상 아닐까?"

··· 교훈 ···

악인들에게 대가를 바라지 말자. 이왕 선의를 베풀기로 결심했다면 친절하게, 진심을 다하자. 그리고 그 행동에 보답받지 못해도, 당신의 상황이 더 나빠지지 않았으니 다행이라고 여기고 감사하자. 친절을 베풀 때마다 보상을 받으리라는 기대는 그저 '기대'일 뿐이다. 때로는 대가가 아니라 다가올 미래의 긍정적인 관계를 위해 조건 없는 호의를 베풀어야 할 때도 있다.

삶의 시야 넓히기

어떤 삶이든 굴곡이 존재한다. 매일같이 밝은 전망만 오리라 기대하기는 힘들다. 다만 목표를 잊지 않되 장애물들과 문제들을 늘 멀리서 바라보자. 넓게 보라. 한 걸음 뒤로 물러나서 차분히, 깊이 생각하라. 어떤 일이 잘 해결되었는지 되짚어보고 최악의 상황 앞에서도 '여기서 무엇을 배울 수 있는가'를 곰곰이 생각해보자.

더 큰 그림을 그려야 한다. 장기적인 목표에 초점을 맞추자. 정말 중요한 게 무엇인지 파악하고 사소한 일이 당신의 마음을 좌지우지하게 내버려두지 마라. 누구에게나 좋은 날도 있고, 그에 비례해서 나쁜 날도 있음을 명심하자. 누구나 살다 보면 종종 예상치 못했던 사건과 변화에 맞닥뜨릴 수밖에 없다.

인생의 정답은 앞에만 있지 않다. 잠시 한 걸음 뒤로 물러나도 괜찮다는 사실을 인정하면 좀 더 유연한 결정을 내릴 수 있을 것이다. 정신력을 강하게 단련한다면 무슨 일이 일어나든 꿋꿋이 앞으로 나아갈 추진력을 얻을 수 있다.

나만의 행복 리스트 정리하기

행복은 오롯이 자신이 어떻게 하느냐에 달려 있다. 그 누구도 당신이 특정 감정을 느끼도록 '만들' 수 없다. 행복하든, 슬프든, 화가 나든, 평온하든 당신의 감정은 오직 당신만이 통제 가능하다. 정리하자면 자기 자신이든 삶이든, 그게 무엇이든 변화할 힘은 오로지 당신에게 있다.

무엇이 스스로에게 행복을 느끼게 하는지, 어떤 삶이 행복한 삶인지 구체화시키는 연습을 해보자.

지금 당장 노트와 필기구를 꺼내 자신이 생각하는 행복의 목록들을 적어보자. 만약 자세히 쓸 수 없다면, 행복을 이뤄낼 방법을 결코 확실히 파악할 수 없을 것이다. 만약 이 목록을 분명히 채워 넣는다면 당신은 타인으로부터 그 어떤 영향도 받지 않는 멘탈을 가지게 될 것이다.

남이 정의 내린 행복이 아닌 자신이 생각하는 바에 기초한 행복을 추구해야 한다. 텔레비전이나 소셜 미디어, 또는 친구·동료 들과 스스로를 절대 비교하지 말자.

당신 삶의 이유는 무엇인가

당신은 왜 매일 아침 이불을 박차고 일어나는가? 당신의 삶의 목적은 무엇인가? '목적' 대신 원인·사명·목표·이유 등 '성취했다'는 뿌듯함을 느끼게 해주는 감정이라면 이를 뭐라고 부르든 상관없다. 뭐라고 명명하든지 스스로 잘 인식한다면 그 성취감을 향해 좀 더 분명하게 나아갈 것이다. 이는 당신이 특정 행동이나 결정을 내려야 할 때, 판단을 내리는 기준점이 되어준다. 그러면 발전 정도를 스스로 가늠할 수 있고, 언제쯤 목표를 달성했는지 파악할 수 있게 된다.

명확한 목표 의식과 조절 능력, 삶이 가치 있다는 믿음은 행복과 삶의 질을 결정하는 매우 중요한 요소다. 심지어 수명까지 늘려준다. 다시 한 번 묻는다. 당신의 삶의 이유는 무엇인가?

우리는 왜 웃어야 하는가

웃음 지을 때 뇌에서는 신경펩타이드라는 아주 작은 화학 물질이 방출된다. 이는 우리가 스트레스와 싸우는 데 도움을 준다. 늘 미소를 유지한다면 도파민·세로토닌·엔도르핀 같은 다른 신경 전달 물질도 활동하기 시작한다. 엔도르핀은 순한 통증 완화제 역할을 하고, 세로토닌은 항우울제 역할이라고 할 수 있다. 이런 뇌 화학물질은 머리끝부터 발끝까지 컨디션을 올려준다. 기분을 나아지게 해줄 뿐 아니라, 몸을 편안하게 안정시키고, 육체적 고통을 줄여주며, 혈압을 낮춰주고, 참을성까지 길러준다.

그러니 웃음은 당신이 매일 복용할 수 있는 천연 약인 셈이다. 심지어 최대치로 복용한다고 해도 건강에 아무런 무리가 가지 않는다. 많이 웃으면 더 오래 살고, 나아가 많이 웃는 사람일수록 삶의 만족도가 더 높다는 수많은 연구 결과가 이를 증명한다.

동기 찾기

오늘은 무엇이 당신에게 동기를 부여하는지 함께 찾아보려 한다. 우선 당장 실천하고 싶은 세 가지를 적어보자. 어떤 것을 적든 상관없다. 새로운 기술을 배우거나, 특정 분야의 음악을 듣겠다고 적어도 괜찮다. 또는 당신과 견해가 비슷한 사람들을 찾아나서는 것도 좋다. 비슷한 목표를 추구하는 이들과 같이 있으면 특히 더 강한 동기부여를 받을 수도 있다.

이번에는 당신의 동기를 사라지게 하는 세 가지를 적어보자. 예컨대 설탕이 잔뜩 묻은 음식을 먹거나, 지나치게 완벽해지려 노력하는 마음, 혹은 비관적인 사람들과 어울릴 때 의욕을 잃을 수 있다.

하나하나 적어 내려가다 보면 당신의 감정과 동기부여에 영향을 주는 환경적 요소가 드러날 것이다. 일단 이 요소들을 파악하고 나면 당신의 장기적인 목표를 더 잘 이룰 수 있도록 합리적으로 제거하고 다듬어 수정하자.

당신의 마음은 당신이 책임져야 한다

마음은 수면 위에 7분의 1만 떠 있는 빙산과 같다.

표면에 드러난 의식은 당신이 현재 처한 순간을 반영하는 모든 사고와 기억, 감정, 소망 등을 담고 있다. 그리고 잠재의식(또는 무의식)은 당신의 자각 바깥에 있는 감정과 사고, 욕구, 기억을 저장하는 거대한 창고다. 믿음과 경험, 기억, 기술을 담고 있는 잠재의식은 당신의 삶에 알게 모르게 막대한 영향을 끼친다.

당신의 마음은 당신이 책임져야 한다. 그러니 저장한 정보가 도움이 될지 해가 될지는 직접 결정하자. 그리고 그 정보가 당신의 수행 능력에 어떤 영향을 끼치는지 지켜보자. 도움이 되지 않는 정보와 오랫동안 품었던 부정적인 신념('난 그냥 포기할래', '나는 이런 거 할 수 없어')은 의식적으로 버려버리고 그 빈자리를 현재 당신에게 꼭 맞는 아이디어와 신념으로 다시 채워나가자.

당신은 생각보다 더 많은 걸 알고 있다

직감 또는 직관이란 순식간에 알아채는 감각이다. 직감을 믿는다면 다른 의견을 듣거나 재고할 필요가 없다. 어느 순간 바로 알아차리는 것이다.

직감이 작용하면, 지금 무슨 일이 일어나는 중인지 분명하게 알 수 있다. 당신의 직감을 믿는다는 것은 당신 자신을 진정으로 믿는다는 의미다. 또 다른 중요한 점은 직감에 귀를 기울이면 건강하지 못한 관계와 나쁜 상황도 미리 피할 수 있다는 것이다. 그러니 직감, 직관, 즉각적인 생각이나 감정의 소리를 잘 들어보자. 그 소리에 가까이 다가가고 자신을 믿어보자.

당신은 당신이 파악한 것보다 더 많은 걸 알고 있다.

실수는 가장 훌륭한 스승이다

정신 분석학자 카를 융에 따르면 우리는 인간으로서 탁월해지려 노력할 수는 있지만 완벽해지는 것은 신의 영역이다.

완벽해지려는 마음, 즉 완벽주의는 비이성적인 생각이다. 모든 일을 다 완벽하게 할 방법은 존재하지 않는다. 완벽주의자의 관점으로 일을 하려 든다면 성공하지 못할 거라는 생각이 스며들며 시작조차 힘들어진다. 그러다 보면 자꾸만 일을 미루고 결국 별다른 성취도 얻지 못한다.

이러한 악순환의 고리를 끊어버리기 위해서는 완벽주의에 관한 생각을 바꿀 필요가 있다. 성공으로 가는 길에는 오르막과 내리막이 있다는 사실을 인정함으로써 사고방식을 재구성해야 한다. 매번, 매일 훌륭한 결과를 낼 수는 없다. 실수도 배움의 일부다. 실수가 쌓여 결국 성공의 발판이 되기 때문이다. 이 때문에 실수가 가장 훌륭한 스승이라고 하는 것이다.

감정의 파고를 다스려라

멘탈력을 발전시키기 위해서는 긍정적인 사고방식을 유지하고 자기와의 대화self-talk를 하며, 나쁜 행동으로 이어지는 안 좋은 습관의 고리를 차단해야 한다. 멘탈이 가장 강한 사람은 남들 앞에서 강인함을 보이는 게 아니라, 전쟁터에서 싸우는 장면을 한 번도 보지 못했는데 승리를 거둔 사람이다. 챔피언은 아무도 보지 않을 때 탄생한다!

상황을 늘 객관적으로 보는 능력을 키워야 한다. 무슨 일이 닥치든 대처할 수 있도록 준비해놓자. 당신이 어떤 감정을 느끼든, 항상 일정 수준 이상의 수행 능력을 보일 수 있도록 말이다.

오늘 하루 시간을 할애해 통제 바깥의 강렬한 감정이 일상에 어떤 영향을 끼치는지에 대해 곰곰이 생각해보길 바란다. 그러면 어느 부분이 문제인지, 어떻게 해야 성공하는지, 성공으로 가는 길이 무엇인지 더 쉽게 찾을 수 있다. 감정이 격해질 때와 평온할 때 사이에 올바른 균형점을 찾을 때 가장 건강한 상태가 될 것이다.

강력한 동기를 찾아라

동기는 목적보다 훨씬 더 강력하니 언제나 동기를 찾아야 한다. 예를 들어 좋은 기분으로, 건강한 몸과 마음을 위해 체중 감량을 시도한다고 생각해보자. 살을 빼는 것이 궁극적인 목적이고, 좋은 기분과 건강해 보이고 싶다는 마음은 동기로 볼 수 있다. 건강에 해가 되지만 맛있는 음식을 먹고 싶은 욕구를 이겨내려면 목적보다는 동기, 즉 더 강력한 이유가 더 효과적인 도움을 줄 것이다.

지금 당장 만족을 주는 것들을 멀리할 아이디어를 브레인스토밍해보자. 중요하다고 여기는 일련의 가치와 동기를 잘 생각해보라. 즐거움을 완전히 멀리하는 것이 목적이 아님을 명심하자. 그런 삶은 꽤 우울할 것이다. 그보다는 당장 즐거움을 주는 것을 멀리하는 습관을 들이는 편이 낫다.

어떻게 좋은 습관을 들일 수 있을까. 가장 효과적인 방법은 조금씩, 천천히 시작하는 것이다. 유혹을 잘 이겨냈을 때마다 자신에게 작은 보상을 주는 방법도 좋다. 이런 방식으로 뇌가 보상받을 만한 행동을 반복 훈련하자.

책임지는 법을 배운다

책임지는 법을 알아야 한다. 이건 간단하면서도 복잡한 일이다. 내렸던 결정, 열심히 했던 일, 열심히 하지 않았던 일에 모두 책임을 져야 한다. 승리하고 패배했던 일들도 마찬가지다. 이때 필요한 것이 '인내심'이다. 당신은 당신이 내린 결정의 산물이지 상황의 산물이 아니다. 상황에 휩쓸리지 말고 결정의 주도권을 스스로 쥐라.

스스로 행동의 주체자이자 책임을 지는 사람이라고 인식해야 한다. 이는 건강한 삶과 인간관계에 대단히 중요한 부분이다. 온전히 책임을 지는 행위는 당신이 일과 관계 등 모든 부분에서 맡은 역할을 잘 해내고 있다는 사실을 강하게 되새겨준다. 책임감이 강한 사람은 자연스럽게 신뢰와 신용을 쌓게 된다. 이것들이 자산이 되어 더 나은 판단을 내리게 도와주고, 문제 해결력을 높이며, 자신감을 키워준다.

오늘 하루 스스로에게 질문해보자. 어떻게 하면 더 잘 책임을 질 수 있을까?

불확실성을 받아들인다

평소에 익숙하게 느끼는 안전지대comfort zone에서 벗어나 낯선 상황으로 나가보자. 이는 잘 알지 못하는 영역으로 발을 들여놓으라는 뜻이다. 전에 한 번도 시도해보지 않은 것을 해보고, 배운 적이 없는 것들을 배우라는 의미다.

처음 보는 것들, 익숙하지 않은 것들에 자꾸만 노출되다 보면 곧 낯선 상황에서도 두려움을 거의 느끼지 않게 될 것이다. 반대로 낯선 상황들은 개인적으로든 사회적으로든 성장할 기회를 제공한다. 당신은 주어진 상황을 통제하기 위해 자신의 욕구를 드러내지 않으면서 적응하는 방법을 배우게 될 것이다.

타인에게 나에 대해 질문한다

스스로 어떤 대상에 뜨거운 열정을 느끼는지 파악하는 것은 의외로 어려운 미션일 수 있다. 가끔은 자신이 이루고자 하는 목표가 당신에게는 잘 보이지 않아도 남들에게는 쉽게 드러날 때도 있다. 자신도 모르는 사이에 주변 사람들에게 자신의 열정과 목적을 드러내고 있을지도 모른다. 그러니 자신의 열정을 확인하기 어렵다면 주변 친구와 가족에게 '나를 보면 무엇이 떠오르는가', '나를 어떻게 생각하는가' 하고 질문을 던져보자. 주변 사람들이 관찰한 결과를 당신에게 알려주거나 칭찬한 특정 부분들을 잘 받아 적고, 비슷한 패턴이 나타나는지 살펴보자.

타인이 보는 자신을 잘 들여다보면 분명 스스로를 파악하는 데 도움이 된다. 어쩌면 이 작은 관심이 열정을 북돋는 계기가 될 수도 있다.

자신감을 키운다

스스로 통제할 수 없는 상황까지 몰리고 나서야 당신이 얼마나 강한 사람인지 깨닫는다면 얼마나 안타까운 일인가.

당신은 당신이 생각하는 것보다 훨씬 더 유능하며 더 많은 일을 해결할 능력이 있는 사람이다. 보다 깊이 파고들어가는 집요함, 자신에게 있는지도 몰랐던 용기와 힘을 찾아보자. 당신의 대처 능력은 당신의 생각보다 막강하다.

승자와 패자는 무엇으로 결정되는가

승자와 패자는 멘탈력과 사고방식이 가른다.

패자는 자기 바깥에서 문제점을 찾는다. 세상이 불공평하다고 불평한다. 하지만 상황과 삶을 개선하기 위한 노력을 기울이는 데는 소홀하다. 그저 의미 없는 짜증만 낼 뿐이다. 승자도 물론 세상이 불공정하다고 보지만, 그 안에서 상황을 개선시키기 위해 끊임없이 노력한다.

승자는 계속 실패를 반복한다. 하지만 그 어떤 실패도 이내 다시 일어나 계속 새롭게 시도하는 그를 막을 수 없다. 자꾸만 우울해지고 상황이 개선되지 않는다면 그 이유는 당신의 외모나 재산 정도, 재능의 수준 때문이 아니다. 당신을 좌절시키고 일어서지 못하게 막는 것은 바로 당신의 마음 자세다.

오늘 맞이하는 모든 상황 앞에서 가장 긍정적인 부분을 찾아보자. 그리고 낙관적이고 희망적인 자세를 유지하자.

오직 행동으로 말하라

사람이라면 누구나 극적인 사건과 힘든 일, 트라우마, 장애물 등을 만난다. 이건 인생의 일부다. 어떤 불행도 만만하거나 간단한 상대가 아니다. 하지만 과거의 어려움과 앞으로 다가올 어려움들은 모두 당신이 성장하고 배울 기회를 제공할 것이다.

어렵고 고통스럽고 눈물을 흘리게 되는 일을 맞이하더라도 긍정적이고 생산적인 태도를 유지하려고 노력해보자. 당신의 대처법이 당신의 삶과 성과의 질을 결정한다. 불만을 늘어놓거나 슬픔에 빠져 있지 말고, 스스로를 애처롭게 바라보며 감상에 젖지도 말자. 이런 태도는 스스로를 수렁에서 꺼내주지 못한다. 그저 몸을 움직이자. 행동은 상황을 더 나은 쪽으로 발전시킬 유일한 해결책이다.

잊지 말자. 당신은 당신이 내린 결정의 산물이지, 결과가 곧 당신의 모든 것일 수 없다.

인생은 결과가 아니라 과정으로 결정된다.

자리에서 일어나 건물 밖으로 나서라

스트레스가 감당할 수 있는 수준을 넘어섰는가?

그럴 때는 몇 시간 아니, 몇 분이라도 짬을 내어 차분한 마음으로 깊이 사색하는 시간을 가져보자. 밖으로 나가 신선한 공기를 마시며 짧은 산책을 즐겨보자. 찬찬히 주변을 둘러보면 이전에는 있는지조차 몰랐던 것들을 발견할 수 있을 것이다. 당신의 뇌는 방금 당신이 들이마신 산소들을 받아들여 좀 더 명료하게 사고하고 당신이 더 큰 용기를 낼 수 있게 도울 것이다.

과도한 낙관주의를 조심하라

긍정적인 태도는 분명 좋은 것이다. 이러한 마음가짐은 멘탈력을 키우는 필수 요소이기 때문이다. 하지만 그렇다고 모든 상황을 긍정적으로만 바라본다면 잠재적인 어려움과 위기를 감지하지 못할 위험성도 존재한다. 심지어는 맹점이 생길 수도 있다.

일이 잘못된 방향으로 흘러가는 경우의 수를 전부 파악할 방법은 없다. 하지만 '일이 잘못될 수도 있고, 종종 잘못되기도 한다'는 사실을 받아들인다면 과도한 낙관주의를 경계할 수 있을 것이다. 이런 마음가짐은 어려운 일이 발생했을 때 생산적이고 결단력 있는 태도로 대응하도록 돕는다. 이렇게만 해도 힘든 상황 앞에서 포기하고 싶은 충동을 이겨내는 데 도움이 될 것이다.

인내심을 기른다

성공한 사람들은 과거의 고통스러운 기억들을 이겨내고 강한 참을성으로 맡은 일을 결국 해낸다. 즉 해낼 때까지 도전하는 것이다. 우리는 이를 '인내심'이라고 부른다. 인내심은 당신이 원하는 성공을 이루는 데 중요한 역할을 할 것이다.

집중력과 결단력을 발전시키려면 힘든 일들을 참아내는 훈련이 필요하다. 예를 들면 매일 아침 찬물로 샤워를 한다든지, 플랭크 자세를 1분씩 늘리거나, 러너라면 러닝 운동 거리를 조금씩 늘릴 수 있을 것이다. 어떤 일이든 초반의 힘든 터널을 통과하면 인내심의 수준이 높아지고 멘탈력은 점차 발전할 것이다. 그러면 그다음에 힘든 일이 다가와도 잘 대비해 헤쳐나갈 힘이 생긴다.

긍정적인 사람과 어울려라

사자성어 '유유상종'은 '같은 무리끼리 서로 사귐'이라는 의미다. 당신은 동료들과 친구들의 어떤 점에 끌려 함께하게 되었는가?

되도록 긍정적인 사람들과 어울리자. 당신에게 창의성과 에너지를 촉발시키고, 영감을 주는 이들과 시간을 보내자. 당신을 끌어내리고 변해야 한다고 요구하는 사람들을 멀리하자. 당신의 삶에 긍정적인 도움을 주지 않는 사람들에게 둘러싸이면, 열정적으로 살 수도 없고, 목적의식을 가지기도 힘들다. 현실에 충실한 사람들과 자주 대화하자. 잘 모르는 사람이라 해도 기꺼이 다가가 그들에게 영감을 주고 원동력이 되는 것은 무엇인지 물어보자. 그들의 열정에 당신도 영향을 받을 것이다.

마음을 흔드는 것들을 제거한다

어떻게 해야 원하는 성공에 다다를 수 있을까? 당신의 마음 깊이 뿌리 내린 단단한 결심과 결단이 그 길의 초석이 될 것이다. 결단이란 무엇인가? 목표를 이루기 위해 무엇을 기꺼이 할 것인지에 대한 질문이다. 이는 집중해야 하는 일에 쏟는 에너지, 즉 관심과 일치한다.

도움이 되지 않는 것들, 방해물들은 당신의 시선을 분산시킨다. 집중력을 흐트러뜨리는 것들이 무엇인지 시간을 들여 알아내고 피하려고 노력하자. 이렇게 하면 목표가 더 분명해지고 다시금 마음을 다잡을 수 있을 것이다. 방해 요소를 제거하면 마음이 이리저리 떠돌 경우가 줄어들기 때문이다. 그러니 자신을 위해 어느 정도 경계선을 긋고, 몇 가지 규칙을 정하자.

목표뿐 아니라 과정도 중요하다

목표를 설정하는 것은 중요하다. 하지만 그만큼 과정도 중요한 요소다. 목표에 도달하기 위해 수행해야 하는 매일의 과정을 간과해서는 안 된다. 시선을 내내 종점에만 맞추면 종점에 다다르기 전까지 마주치는 기회를 놓칠 확률이 높다.

그러니 과정에 시선을 고정하자. 결과에는 당신이 통제할 수 없는 외부 요소가 영향을 주기 마련이다. 어떤 결과가 나올지 그 누구도 완전히 통제할 수는 없다. 하지만 일상적인 관행, 행동, 그리고 규율은 통제 가능한 대상이다.

기억하자. 목표란 '어디까지 이르는가'가 아니다. '도달하는 과정에서 어떤 사람이 되는가'가 핵심이다.

삶은 안전지대 바깥에서 시작된다

충분한 이유도 없는데 안전지대를 벗어나기는 쉽지 않다. 그러나 멘탈력을 기르려면 가진 것에 절대 만족하면 안 된다. 스스로 성장할 방법을 늘 찾아다녀야 한다.

당신은 자신의 안전지대에 대해 얼마나 파악하고 있는가? 미지의 영역에 발을 들이는 것을 꺼리고 멀리하고 피하는가? 어쩌면 당신은 스스로를 얼마만큼 멀리까지 밀어붙일 수 있는지 모를 가능성이 높다.

스스로 설정해놓은 안전지대에서 나오기를 권한다. 기꺼이 불편한 자리로 가보고 미지의 영역으로 들어가자. 절대 예상했던 것만큼 나쁘다고 느끼지 않을 것이다. 영감을 받은 행동을 지속하는 추진력을 얻으리라 장담한다. 그렇게 쌓은 경험들은 이내 아이디어가 되어 우리를 더 나은 쪽으로 안내할 것이다. 그러니 이제 안전지대에서 빠져나오자.

삶은 안전지대 바깥에서 시작된다.

자신을 믿는다

멘탈력을 높이는 데 자신감은 필수다. 결국 내가 나의 능력을 믿어야만 위기와 역경 앞에서도 스스로를 밀어붙일 수 있고, 불확실성에 대한 두려움도 극복된다.

헨리 포드가 말한 유명한 구절이 있다.

"당신이 할 수 있다고 생각하든 할 수 없다고 생각하든, 당신이 옳다."

이 말은 즉 능력과 기술을 등한시하는 게 아니라, 자신감을 강조한 것이다. 포드는 자신감이야말로 성공에 필수적인 요소이며, 이것이 없다면 곧 실패로 이어지리라는 사실을 한 문장으로 보여주었다.

계획의 허점을 간파하라

'이기는 것'이란 문제를 해결하고 원하던 결과를 손에 얻는 것을 말한다. 쉬운 방법을 택하는 의미가 아니다.

신념과 가치에 잘 부합하는 일에 도전하자. 그리고 왜 그 일이 나에게 중요한지, 무엇이 자신을 행동하게끔 돕는지 깊이 떠올려보자. 느릴지언정 구체적인 노선을 선택할 때 성공할 가능성이 높아진다.

상상해보자. 원하던 일을 마침내 해냈을 때 어떤 기분일까? 당신에게 주어진 어려운 과제를 어떻게 해낼 것인가? 계획에 허점이 있는지 살펴보고, 어떤 현명한 방법으로 해결해나갈지 생각해보자. 그 허점을 제거할 계획을 구체화시켜보자.

좋은 스트레스, 나쁜 스트레스를 구분한다

멘탈력이란 스트레스 요인과 압박, 방해 요소, 어려움 등에 효과적으로 대처해 주어진 상황과 관계없이 최대한의 실력을 발휘하게끔 도와주는 능력이다.

다만 모든 스트레스를 다 나쁘게 볼 필요는 없다. 사실 스트레스는 종종 업무 효율성과 기억력을 증진시키는 역할을 한다. 또한 투쟁-도피 반응fight or flight response(유기체는 스트레스로 일어나는 생리적·신체적 반응 앞에서 평정을 유지하려고 한다. 이때 교감신경계가 활성화되어 싸우거나 도망가도록 준비시키는 반응을 뜻한다)을 일으키는, 중요한 경고 시스템이다. 뇌가 스트레스를 인지하면 에피네프린과 노르에피네프린, 코르티솔 같은 화학물질을 내보내기 시작한다. 의욕을 잃지 않고 생산적인 상태를 유지하려면 좋은 스트레스가 필요하다. 가장 좋은 시작점은 좋은 스트레스와 나쁜 스트레스 사이에서 정확한 균형을 잡는 것이다.

한 걸음 뒤로 물러나 상황을 판단해보자. 스트레스를 받고 있다는 감정보다는 눈앞의 상황에 집중하자. 그러면 좀 더 상황에 알맞게 대처하고 스트레스를 덜 받을 것이다.

당신이 꿈꾸는 비전은 무엇인가?

당신의 존재 이유, 삶의 목적을 찾았다면 정말 중요한 문제에 더 잘 집중할 수 있을 것이다. 또 비전을 달성하려고 노력한다면 위협이나 방해 요소를 더 잘 피할 수 있게 된다.

자신의 목적을 깨달았다면 집과 직장, 사회적 환경에 더 잘 적응하게 될 것이다. 당신에게 매우 중요한 목적이어야 목적지에 오롯이 집중할 수 있다. 잠재의식은 당신이 한 가지만 원한다고 믿도록 설득하기 때문이다.

오늘 한번 이 질문에 답을 해보자. 살면서 이보다 더 중요한 질문은 없다. 당신이 꿈꾸는 비전은 무엇인가?

나에게 일어날 최악의 사태는 무엇인가?

삶이 편안하고 모든 일이 순조로워 보일 때여도 회의감이 스멀스멀 스며들 수 있다. 실수할까 두려운 마음에 결정을 번복하거나, 행동하기도 전에 망설일지도 모른다. 회의감은 인간이라면 누구나 느끼는 자연스럽고 유익한 감정이다. 결정을 돕고 최선을 다하라고 격려할 뿐 아니라 부정적인 결과로부터 당신을 보호하기도 한다.

문제는 회의감이 무력감을 불러온다는 사실이다. 회의감은 두려움과 망설임을 조장하며, 생각을 갉아먹기도 한다. 그러니 이렇게 자문해보자.

"일이 계획대로 풀리지 않을 때 나에게 일어날 최악의 사태는 무엇일까?"

생각보다 커다란 재앙은 벌어지지 않는다는 사실을 깨닫게 될 것이다. 두려워하지 말고 행동에 옮기자.

더 자주 자문해본다면 불확실한 일을 마주했을 때 덜 주저하게 될 것이다.

진심으로 좋아하는 것이 무엇인가?

존재 이유를 찾고 싶은가? 그렇다면 과거에 순전히 재미로 했던 것들을 떠올려보자.

특정 패턴이 반복되거나, 비슷한 행동이 눈에 띄기 시작할 것이다. 이것들이 존재 이유의 단서를 쥐고 있다. 어떤 것에 가장 큰 재미와 즐거움을 느꼈는가? 성인이 된 지금은 그것들과 멀어졌을 수 있다. 성장하면서 '기존의 열정은 자제하는 게 좋다'는 압력을 받기 마련이다. 주고받는 보상이 있어야 일을 한다고 믿었을지도 모른다. 그렇게 진심으로 좋아하는 것과 멀어졌을 것이다.

오늘은 이 질문을 던져보자. 당신이 진심으로 좋아하는 것은 무엇인가?

인생의 주인인
나에게 집중하기

제2장

031 ~ 060

눈을 감아보자.
그리고 마음속으로 당신이 이루고자 했던 일들이
정확히 원하던 대로 진행되는 모습을 그려보자.

내가 할 수 없는 것은 남에게도 요구하지 말자

엄마 게와 아이 게가 모래 위를 걷고 있었다. 엄마 게는 자꾸만 옆으로 움직이는 아이 게에게 좀 더 우아하게 걸어보라며 혼을 냈다. 아무리 노력해도 앞으로 걸을 수 없었던 아이게는 엄마에게 시범을 보여달라고 했다. 그제야 엄마 게는 자신도 똑바로 걸을 수 없다는 사실을 깨달았다.

··· 교훈 ···

본보기가 되는 것은 규칙이나 훈계보다 더 강력하다. 자신도 할 수 없는 일을 다른 사람에게 요구한다면, 그 누구도 당신을 가까이하지 않을 것이다. 상대는 당신의 요구를 '합당하지 않다'고 느끼기 때문이다. 자신이 할 수 있는 것만 요청하라. 그러면 당신이 아무리 어렵고 불가능해 보이는 일을 요구해도 상대가 무력감을 느끼지는 않을 것이다.

얻을 것을 먼저 생각하라

일을 해낼 때의 어려움보다는 해내고 나서의 이익을 생각하라. '이 일을 해낸다면 나는 무엇을 얻게 될까?' 이 질문에 답을 찾다 보면 긍정적인 태도를 유지할 수 있다.

인간은 태생적으로 이기적이다. 어떤 일이든 '나에게 어떤 이익이 생길까'를 따져보고는 행동하게 되어 있다. 하지만 이익보다 더 중요한 것이 있다. 차분하게 업무에 집중하지 않을 때 놓칠 것들을 파악해야 한다는 것이다. 침착함을 잃는다면 예컨대 시험에 떨어지거나 마감 기한을 못 지킬 수도 있고, 평판이 나빠질지도 모른다. 잃지 말아야 할 이유가 있다면 더 온전히 집중하는 데 도움이 되고 원하는 결과를 얻을 것이다.

타인의 요구를 관찰하라

사람들이 당신에게 도움을 청할 때 요구사항을 살펴보라. 사람들은 언제 당신에게 감사하다고 말하는가? 당신만의 특별한 능력을 보여주었을 때인가? 아니면 훌륭한 조언을 주었을 때인가?

다른 사람에게 인정받고 감사 인사를 듣는다면 더 열심히 일하게 될 것이다. 당신은 당신의 강점이 '당연한 것'이라고 느끼거나 특별한 장점이라는 생각이 들지 않을 수 있다. 그래서 타인이 높게 평가한 당신의 강점을 스스로는 제대로 파악하지 못하기도 할 것이다. 남들이 당신에게 어떤 도움을 주로 청하는지 유심히 관찰해보자. 친구들이 당신의 어떤 점을 닮고 싶어 하는지 살펴보자. 어쩌면 당신은 그 장점으로 남들에게 '더 나아지고 싶다'는 특별한 영감을 주고 있을지도 모른다.

자존감을 높이는 방법은 따로 있다

'자존감'이 타고나는 재능이라 생각할지 모르겠지만, 이는 전적으로 당신 안에서 만들어지는 능력이다. 자존감을 낮추는 태도를 선택할 수 있듯이, 높이는 것 역시 당신 손에 달렸다. 자존감이란 '자신을 어떻게 느끼는가'이기 때문이다. 그리고 자기 자신에 대한 의견과 평가, 스스로를 어떻게 인지하는지, 무엇을 할 수 있는지 파악하는 것에 달려 있는 감정이다. 자존감이 높은 사람일수록 어려운 일을 기꺼이 선택하고, 새로운 시도를 마다하지 않으며, 힘든 상황에 좀 더 의연하게 대처할 수 있다.

자존감을 높이는 첫 단계는, 스스로에 대한 부정적인 생각을 파악한 다음 '이 생각이 과연 사실에 기반한 것일까?' 의심해보는 것이다. 당신은 당신을 어떻게 생각하는가? 진심으로 고민해보라. 예를 들어, '나는 그 일을 해낼 수 있을 정도로 똑똑하지는 않아', '나는 친구가 없어'라고 평가할 수도 있다. 그럴 때는 이 문장의 반박할 만한 증거들을 수집해보자. 반대 문장들을 모두 적어보고 그것들을 자꾸만 들여다보자. 그렇게 자신에 대한 부정적인 생각들이 사실이 아님을 스스로에게 인지시키자.

시각화 작업으로 성공하는 뇌를 만든다

눈을 감아보자. 그리고 마음속으로 당신이 이루고자 했던 일들이 정확히 원하던 대로 진행되는 모습을 그려보자. 이때 당신은 어디에 있고, 어떤 옷을 입었으며, 기분은 어떠한가? 반대로 반드시 맞닥뜨릴 수밖에 없는 온갖 힘든 일들을 마주했을 때를 상상해보자. 어떻게 대응할 것인가? 머릿속으로 그 대응법을 연습해보자.

이 일련의 작업들을 '시각화visualisation'라고 부른다. 성공을 기대하는 방법을 훈련하는 것이다. 뇌는 실제로 겪은 경험과 상상으로 만들어낸 경험의 차이를 면밀하게 구별해내지 못한다. 두 가지 모두 뇌 안에서는 똑같은 시스템이 사용되기 때문이다. 즉 당신이 어떤 성공한 경험을 시각화해낸다면 뇌는 그것을 현실에서 일어난 일로 받아들인다는 의미다. 그러니 시각화는 성공 가능성을 높이는 가장 알맞은 열쇠다.

올바른 질문을 던진다

문제를 해결하는 첫 단추는 '옳은 질문'에서 시작해야 한다. 문제가 발생한 것은 어쩔 수 없다. 해결할 방법을 찾을 뿐이다. 다만 그 안에 함몰되어 있을 때는 답을 찾기 어렵다. 이럴 때는 한 걸음 뒤로 물러나 '진짜 문제는 무엇인가?'라고 자문해보아야 한다. 우리는 문제가 닥쳤을 때 제대로 된 점검도 하지 않은 채 답부터 찾으려고 허겁지겁 서두를 때가 너무 많다. 급할수록 돌아가야 한다. 잠시 멈추어 서서 정말 중요한 질문이 무엇인지 고민해야 한다.

비슷한 문제가 없었는지, 우선순위는 무엇인지 고민해보지도 않고 해결책을 찾는 데에만 함몰되어 있지 않은가? 어쩌면 당신은 망가지지도 않은 문제 앞에서 지레 겁먹고 고칠 방법부터 생각해내려 애쓰고 있을지도 모른다.

'이것을 왜 하는가'보다 '무엇을 하는 중이다'에 초점을 맞추는 경우가 많다. 하지만 전자의 중요성을 간과해서는 안 된다. 문제를 맞닥뜨렸을 때는 잠시 뒤로 물러나 이런 질문을 던져보자.

'여기서 진짜 문제는 무엇인가?'

직진한다

인생의 가르침을 받아들이자. 스스로 한계점에 도달했다고 느낀다면 저항하거나 맞서 싸울 필요가 없다. 그저 포용하려고 애써보고, 똑바로 마주보아야 한다. 이런 순간은 당신이 인생에서 무언가를 놓치고 있을 때, 간절히 바라는 것을 생각해볼 때 자주 일어난다.

힘든 순간은 교훈을 가져다준다. 이런 가르침을 주는 순간들에 맞서 싸우기보다는 받아들이는 법을 익히자. 좌절의 경험들은 스스로 받아들일 수만 있다면 정말이지 획기적인 발전을 이룰 초석을 마련해줄 수 있다. 그 교훈들을 기꺼이 끌어안는다면 그 어느 때보다 더 선명하고 실행 가능한 새로운 길이 눈앞에 펼쳐질 것이다.

'만약에?'라는 질문을 던진다

어떻게 해야 사고방식을 유연하게 만들 수 있을까? 이 질문을 던지면 된다. "만약에?" 당신 앞에 단 하나의 미래만 있으리라 생각하지 말라. 이 질문은 내려야 하는 결정을 더 발전시킬 방법, 그 결정에 영향을 줄 수 있는 것들을 여러 가지 시나리오로 구성해보는 마법의 주문이다.

앞으로 펼쳐질 미래를 좀 더 너그러운 마음으로 바라보아야 한다. 자신의 앞에 단 하나의 시나리오만 준비한다면 시간과 에너지를 낭비하는 셈이 될 가능성이 높다. 만약 준비한 시나리오대로 움직이면 너무 다행이겠지만, 아니었을 때 마땅한 대처 방법이 없기 때문이다. 그러니 가능한 결과들을 늘어놓고 생각 실험을 반복하며 더 넓은 시각을 가지도록 노력하는 편이 더 낫다. 이 방법들로 내일 일어날 수도 있는 시나리오들 중에 필요한 주요 행동들을 오늘 미리 결정할 수도 있을 것이다. 주변 사람들과 관련 시나리오에 대해 브레인스토밍을 해보는 것도 괜찮은 방법이다. 다른 사람들의 다양한 아이디어도 들을 수 있고, 가능한 여러 가지 경우의 수를 수집할 수 있기 때문이다.

내면의 사전을 어떻게 바라볼 것인가

스스로를 긍정적인 시각으로 바라보는 태도는 업무 수행 능력을 높여주고 행복감을 높여주는 결정적인 요소다. 자아 상이란 자기 자신에 대한 그림을 자기 안에 그려놓는 것이다. 이는 지능이나 아름다움, 재능, 친절함 등 스스로를 설명할 수 있는 특징들을 집합시킨 이른바 '내면의 사전'이라 할 수 있다. 이 사전 안에는 자산(강점)만 있는 것은 아니다. 부채 (약점)까지 집합적으로 표현되어 있다. 어린 시절과 그간의 인생 경험, 다양한 인간관계 등이 복합적으로 쌓여 그 그림에 영향을 끼쳤을 것이다.

그 그림을 찬찬히 들여다보기 바란다. 어쩌면 당신은 지금까지 그 이미지를 왜곡된 시선으로 보고 있었을지도 모른다. 당신이 어떤 부분을 바라보는가에 따라 긍정적 또는 부정적 자아상이 결정된다.

자, 무엇이 보이는가? 자신의 자아상이 만족스러운가? 아니면 그 그림 사전 안에 다른 단어들을 추가하고 싶은가?

감정을 이해하면 통제할 수 있다

멘탈력은 어떤 상황에 있든지 관계없이 발휘된다. 이는 자신의 능력을 어떻게 보는지, 스스로를 어떻게 바라보는지에 달려 있다. '감정을 잘 통제한다'는 말은 즉 자신의 감정을 잘 인지하고 왜 그런 감정을 느끼는지 이해하고 있다는 뜻이다. 감정을 잘 이해한다면 해당 감정을 더 건강하게 통제하는 방법도 곧 익힐 수 있다.

감정에서 스스로를 분리시키는 사람들도 있다. 그런다고 해서 멘탈이 강해지지는 않는다. 감정 분리는 불안과 우울을 더 가중시켜 심하게는 불안증과 우울증으로 이어지기도 하기 때문이다. 감정을 잘 조절하면 스스로를 제대로 파악하고, 똑바로 마주하며, 세심히 살피는 기회를 얻을 수 있다. 감정을 현 상황에 비춰보고 이것이 올바른 감정인지 냉정하게 파악할 줄 알게 된다.

당연히 감정을 통제하는 방법을 익히기까지 오랜 시간이 걸릴 것이다. 하지만 그만큼 유용하니 시간을 들일 만하다. 감정을 통제할 수만 있다면 당신의 멘탈력이 성장하는 데 중요한 자극점이 될 것이다.

다가올 미래를 구체적으로 그려본다

성공한 사람들도 두려움과 의심, 걱정, 근심 등을 안고 산다. 다만 그들은 이런 감정들이 삶의 방해물이 되도록 놔두지 않는다. 성공한 이들은 보통 투지와 끈기가 남달라 그 자리에 섰을 것이다. 하지만 그보다 더 중요한 점이 있다. 그들은 자신에게 닥친 문제 뒤에 따라오는 미래를 구체적으로 그릴 줄 안다.

이는 특정 사람만 갖출 수 있는 특별한 능력이 아니다. 당신도 그들처럼 할 수 있다. 문제가 생겼을 때 이를 극복했다고 상상해보자. 원하는 삶을 분명히 그릴 수 있다면 당신의 인생은 그 상상을 현실에 반영하기 시작할 것이다. 이를 흔히 '시각화'라고 한다. 방법은 말할 것도 없이 효과적이다.

마음의 문을 활짝 열어라. 시각화를 시도해보고 어떻게 되는지 지켜보자!

변화와 화해한다

삶에 문제가 생겼을 때 대처하는 방법은 두 가지다. 하나는 지금 일어난 일과 자신의 현실을 있는 그대로 받아들이는 것이다. 또 다른 방법은 그 상황을 바꾸는 것이다. 이 둘은 상반되는 관점이므로 둘 다 가져갈 수는 없다. 어떻게 반응하든 당신의 몫이다. 붙잡아두는 모든 사고·신념·아이디어를 재구성해야 한다.

멘탈력이 강한 이들은 변화와 장애물 앞에서도 의연하게 대처한다. 그 어떤 어려움도 그들에게 영향을 끼치지 않는다. 반면에 변화가 힘든 이들은 스트레스를 받고 불안감을 느낄 것이다.

변화가 두려울 수도 있다. 다만 이를 '새로운 곳으로 나아간다'는 의미로 받아들인다면 변화로 인한 어려움을 참는 법을 익히게 될 것이다.

집중력 강화 훈련

집중력은 근육과 같다. 매일같이 훈련한다면 원하는 만큼 키울 수 있다. 그렇다면 어떻게 키울 수 있을까? 몇 가지 구체적인 아이디어를 소개한다.

· 15분 동안 의자에 앉아 아무것도 하지 않는다.
· 5분간 가만히 앉아 천천히 주먹을 쥐었다 편다.
· 5분간 멍하니 시계의 초침을 바라본다.

약간 이상하게 보일 수도 있다. 일단 한번 시도해보라. 단순해 보이는 다른 생각에 빠지지 않고 이 행동들을 정해진 시간 안에 해내기가 의외로 힘들어 깜짝 놀랄 것이다. 다만 몸에 익히면 산만함을 없애고 집중력을 강화시킬 수 있다.

내 안의 잠재의식을 믿는다

집중력은 효율적인 일처리를 돕는 가장 중요한 요소다. 목표를 이루고 결과를 얻고 싶다면 이 능력은 필수다.

뇌는 의식하지 않고도 일하는 능력을 갖추고 있다. 마음속 아주 깊숙한 곳에 존재하는 잠재의식은 기억·감정·신경 등과 연관되어 있다. 때에 따라 잠재의식은 최고의 아군이 되기도, 최악의 적군이 되기도 한다. 생각은 감정을 생산하고, 감정은 행동을 만들며, 행동은 결과를 낳는다. 즉 사고방식이 현실을 만드는 셈이다.

오늘 자신에게 매우 중요한 임무를 줘보자. 그리고 그 일을 제대로 해내는 모습을 구체적으로 상상해보고, 성공적으로 일을 마무리했을 때 느낄 감정을 떠올려보자.

진심으로 성공하고 싶은가? 잠재의식을 믿으면 된다. 잠재의식이 당신의 생각이 현실로 이루어지도록, 할 수 있는 모든 것을 할 것이다.

두려움을 두려워하지 말라

누구나 실패를 두려워한다. 아니, 어쩌면 성공을 두려워할지도 모르겠다. 성공이든 실패든 낯설고 잘 모르는 것을 무서워하는 마음이 누구에게나 있다.

두려움은 회복 탄력성을 파괴하고 결단력을 무너트린다. 그리고 건강하지 못한 감정을 유발해 부정적인 결과를 상상하게끔 만들고, 현실을 왜곡시켜 보여준다. 두려움은 잠재적으로 일어날 만한 모든 나쁜 결과를 전부 불러와 크게 부풀린다. 아무리 애를 써봤자 재앙과 파멸이 닥칠 것이라고 당신에게 속삭인다. 두려움이 보여주는 끔찍한 가능성들에 놀란 당신은 몸이 뻣뻣하게 굳고 짓눌리는 느낌을 받을 것이다.

만약 마음속에 두려움이란 감정이 단단히 자리 잡도록 내버려둔다면, 당신은 시작하기도 전에 패배감을 느낄 것이다. 사실 당신이 무엇을 하든, 대단히 나쁜 사태가 발생할 가망은 현저히 낮다. 그러니 시작도 전에 두려워할 가치가 없다는 점을 명심하자.

성실한 사람들의 특징

성실한 사람은 일을 완벽히 해내고, 신중하며, 방심하지 않기에 더 많은 성과를 낸다. 또한 임무를 훌륭히 해내며, 효율적이고 조직적으로 일하려는 욕구가 강하다. 일을 끝내고 정확히 마무리하기 전까지는 잘 쉬지 않는다. 또한 강한 도덕적 원칙과 가치관에 따라 옳은 일을 하고 싶은 경향이 강하다. 성실한 사람은 일에 헌신하며 끊임없이 노력에 박차를 가한다. 그들은 자신의 신념과 의견을 고수한다. 반대편 세력은 그의 끈질긴 결단을 강화시킬 뿐이다.

성실한 사람이 되고 싶은가? 어떻게 하면 당신의 성실성을 개발할 수 있을지 고민해보자.

긍정적인 자아상 갖추기

당신의 가장 중요한 특징을 하나만 떠올려보자. 그 대답은 아마도 당신이 스스로를 어떻게 느끼는지를 반영할 것이다.

자아상의 85퍼센트는 스스로를 대하는 태도, 15퍼센트는 재능으로 이루어진다. 스스로를 가치 있는 한 인간으로서 소중히 대하고 인정하는 사람은 남들보다 더 높은 업무 효율성을 보인다.

자아상은 잠재의식 속에 저장된 사고와 정보를 기초로 한다. 이 잠재의식이 스스로를 바라볼 때 느끼는 특정 감정들을 형성해 당신이 특정 방식으로 행동하도록 이끈다. 긍정의 사이클 위에 올라타자. 긍정적인 생각이 긍정적인 경험을 낳고, 그 경험들이 쌓여 자신감을 증진시킬 것이다.

주변의 압력에 굴복하지 말자

저명한 이야기꾼이자 팟캐스트 운영자인 제이 셰티는 변호사나 의사를 직업으로 삼지 못한다면 실패자라고 여기는 부모 밑에서 자랐다.

셰티는 부모의 바람을 거부하고, 인생에서 진정한 목적을 찾기로 선택했다. 세상에 선한 영향력을 끼칠 수 있는 의미 있는 일을 하기로 결단한 것이다. 비즈니스 스쿨을 졸업한 그는 두 곳의 좋은 회사의 제안을 거절하고 수도승 수련을 받았다. 일종의 '직업적 자살행위'나 다름없었다. 그렇게 머리를 밀고 수도승 예복을 입고 3년간 체육관 라커룸에서 살았다. 그는 수도승으로 살았던 시간이 그의 인생에서 가장 좋았다고 꼽는다.

인생길을 특정 방향으로 이끌어야 한다는 주변의 압력을 곧이곧대로 받아들이지 말자. 당신이 '무엇'이 되고 싶은지가 아닌 '누가' 되고 싶은지를 생각해야 한다.

과거는 과거일 뿐이다

　자동차 앞쪽에 달려 있는 백미러는 굳이 뒤돌아보지 않아도 뒤에서 무슨 일이 일어나고 있는지 참고하는 역할이다. 앞 유리는 앞차와의 간격을 살피고 어떻게 운전할지 미리 생각하고 나아가기 위해 붙어 있다.

　인생에서 오랫동안 백미러(과거)만 들여다본다면 결국 앞차와 충돌하고 말 것이다. 당신의 과거는 이미 지나간 일이다. 앞으로 나아가기 위해 단순히 참고만 하고, 있는 그대로 받아들이면 된다. 백미러는 현재나 미래를 판단하고 결정하는 요소가 아니다.

　자동차 앞 유리가 백미러보다 훨씬 큰 데는 다 그만한 이유가 있다.

부정적인 감정을 긍정적으로 활용한다

부정적인 감정은 누구나 느끼는 정상적인 것이다. 게다가 이 감정에는 중요한 장점이 있다. 슬픔은 응원과 친절이 필요한 타인과 소통하는 데 도움을 준다. 분노는 생각을 행동으로 옮기고 인생과 세상을 변화시키는 동기를 부여한다. 부정적인 감정을 앞으로 나아가는 데 활용하자.

감정의 뿌리는 당신이 중요한 방식으로 행동하도록 이끈다. 부정적인 감정이 어디에서 왔는지 성찰하지 않고 무시해버린다면 당신은 그 감정에 꼼짝없이 갇히거나 원하는 방향으로 나아가지 못할 것이다. 인생이 당신을 수렁에 던져버리고 우울하게 만든다면 이런 질문을 던져보자. "지금 부정적인 감정이 나에게 어떤 가르침을 주려는 것일까?" 부정적인 감정을 무시해버린다고 해서 그 감정이 낳은 마음들이 없어질까? 앞으로 이런 나쁜 감정이 다시 고개를 들지 않도록 무언가 해야 하지 않을까? 그러니 감정을 억지로 밀어내지 말자. 오히려 당신의 인생을 혹은 세상을 변화시킬 연료로 활용하자. 부정적인 감정을 활용해 긍정적인 방향으로 나갈 수 있는지 주의 깊게 관찰하자. 그 방향으로 갈지 말지는 그 이후에 결정하면 된다.

멈추지 말고 계속 앞으로 나아가라

윈스턴 처칠의 유명한 격언이 있다.

"만약 당신이 지옥을 지나고 있다면, 멈추지 말고 계속 앞으로 나아가라."

어쩌면 인내라는 단어는 고통이나 괴로움이라는 단어와 연관이 있다고 생각할지도 모르겠다. 하지만 당신에게 진정한 투지가 있다면 인내에 대한 관점을 180도 뒤집을 수 있다. 고난을 즐거움으로 가는 출입구로 바라보는 것이다. 인내하는 방법을 깨닫는다면 스스로 정해놓은 목표를 향해 꾸준히 나아갈 수 있게 된다. 그것이 실패와 성공의 차이점이다.

실제로 성공을 이룬 사람과, 그저 시간만 많이 들이고 성과를 얻지 못하는 사람의 차이는 '행위에 목적이 있는가'의 여부다. 스스로 의미를 부여할 수 있고 꾸준히 노력을 투자할 만한 가치가 있는 장기적인 목표를 설정하자. 계속 노력하다 보면 어느새 힘이 생기고, 추진력과 지속력, 열정, 용기, 체력 등을 길러줄 것이다. 그리고 진정한 투지가 당신이 목적지에 도달하게끔 도울 것이다.

트리거를 활용한다

좋은 습관을 위해서는 그것을 트리거trigger로 쓰는 명확한 방법을 알아야 한다. 그리고 좋은 습관을 깨트리는 요인도 분명히 이해해야 한다.

'트리거'는 습관을 제 것으로 만들기 위해 필요한 심리적 방아쇠다. 즉 자연스럽게 욕구를 불러일으키는 사건이라고 할 수 있다. 트리거는 새로운 습관을 형성하고 낡은 습관을 깨는 핵심 열쇠다. 습관이 실제로 행동이 되게 돕는다. 모든 습관은 세 부분으로 나뉜다. 바로 신호와 루틴, 그리고 보상이다. '신호'는 때에 따라 다르다. 누군가에게는 장소, 다른 이에게는 시간, 또 다른 사람이나 감정일 수도 있다. '루틴'은 바꾸고 싶은 행동(흡연이나 손톱을 물어뜯기 등)이다. '보상'은 뇌가 이전 단계를 '미래를 위해 기억할 만하다'고 결정하는 이유다. 보상은 원하는 행동에 대한 긍정적인 강화positive reinforcement로, 앞으로도 그 행동을 반복하도록 돕는다.

그러니 우선 익히고 싶은 새로운 습관이 무엇인지 파악하고, 신호와 루틴, 보상을 적용시켜보자. 특히 보상은 과거의 나쁜 습관으로 돌아가지 않게 돕는 트리거 역할을 한다.

경청의 힘

좌뇌는 언어와 논리의 중심이다. 오른쪽 귀는 왼쪽 뇌와 연결되어 있다. 이는 즉 오른쪽 귀의 청력이 더 뛰어나다는 뜻이다. 이 특성을 듣기에 활용해보자. 누군가의 말을 경청할 때 상대에게 완전히 집중하는 방법이 될 수 있다. 눈이나 정신이 다른 데로 흘러가지 않도록 주의해야 한다. 다른 건 차치하고, 이 행동은 상대방을 존중하며 관심이 깊다는 의도로 보일 수 있다. 화자의 말에 집중하고, 다른 것에 관심을 보이지 말자. 그의 발언을 방해하지 말고 말을 끊는 것도 삼가야 한다. 재치 있고 적절한 질문을 던지며 대화를 이어나가는 기술도 필요하다. 추임새로 상대방의 말을 잘 듣는 중이며 집중하고 있다는 사실을 알리자.

사실 말하는 게 듣는 것보다 훨씬 쉽다. 듣기는 집중력을 증진시킨다. 그 과정에서 새로운 친구도 사귀고 대화를 통해 새로운 것들을 배울 수도 있다.

생각의 꼬리를 역추적한다

보통 사람들은 하루에도 오만가지 생각을 하는데, 여기에는 자신을 이해할 수 있는 수많은 정보가 새겨져 있다. 그 여러 가지 생각의 질과 내용이 자신을 어떻게 보느냐에 영향을 지대하게 끼친다. 이것들은 스스로를 어떻게 느끼고 어떤 행동을 선택할지 결정하는 데도 영향을 끼칠 것이다.

머릿속에서 일어나는 내적 대화는 당신 안에 감정을 만들어낸다. 그 감정이 특정 행동을 하도록 이끈다. 생각 없이 감정을 느끼기는 불가능하다. 그러니 만약 당신이 한 행동의 이유를 알 수 없다면 과거로 돌아가 어떤 감정 상태였는지 확인하기만 하면 된다. 감정을 파악하고 난 다음에 생각을 정리하면 곧 행동의 이유가 명확해질 것이다.

감정에 너그러워져라

자존감을 높이기 위해서는 감정을 인식해야 한다. 이는 감정을 너그럽게 대해야 한다는 의미다.

유일한 방법은 부정적인 감정을 동반하는 불편한 상황에 스스로를 노출시키는 것이다. 사람들은 대부분 감정적 고통을 억누르는 경향이 있다. 하지만 익숙하지 않은 경험들을 넓은 마음으로 받아들여야 한다. 그러면 회복 탄력성resilience을 기를 수 있다. 회복 탄성력은 부정적인 감정 때문에 몸이 긴장되지 않도록 돕고, 그 감정에 적응할 수 있게 한다.

낯선 영역을 흥미롭다고 생각하기

지금껏 한 번도 가지지 못했던 것에 도전해야 한다면 이전에는 시도해본 적 없는 일들을 해보아야 할 것이다. 새로운 미지의 영역에 발을 들여놓아야 할 때, 새로운 시도가 필요하다. 위험을 무릅쓰고, 도전하고, 용감해져야 한다. 낯선 상황에 주눅 들고 무서운 마음이 들 때마다 '흥미진진한데?'라고 생각해보자.

매일을 특별하게 대하라

매일을 특별한 날처럼 대하라. 초를 켜고, 좋은 침대 시트를 깔고, 멋진 옷을 입자. '특별한 날 써야지'라며 아끼지 말자. "내가 사는 오늘은 누군가가 그토록 그리던 내일이다"라는 명언이 있다. 그러니 생일을 기꺼이 기념하자. 인생은 놀라운 일로 가득 차 있다. 미래에 무슨 일이 일어날지, 혹은 당신이 어떤 모습일지 절대 알 수 없다. 몇 년 후에 결국 어떻게 될지, 무엇을 달성할지도 결코 알 수 없다.

인생은 행복한 일들로 가득하다. 낯선 이가 힘들어하는 당신을 도와주기도 하고, 친구들과 재미있고 중요한 순간을 함께하기도 하며, 삶을 더 좋은 쪽으로 만들기 위해 협업하기도 한다. 물론 인생에는 슬픔과 좌절도 많다. 사랑하는 사람이 고통당하고 죽을 수도 있다. 돈을 전부 잃거나 명성에 금이 갈지도 모른다. 동시에 인생에는 행복한 일만 있지는 않다. 파란만장한 경험의 연속이다. 늘 뜻대로 되지는 않을 것이다. 나쁜 것을 보지 않고 좋은 것만 가질 수는 없다. 오늘은 선물gift이다. 그러니 'present선물'라고 하는 것이다.

지나간 과거를 미래를 위한 훈련으로 활용하자

과거에 일어났던 사건, 그때 보였던 반응 등으로 스스로를 정의한 적이 있는가? 가치와 신념은 인생에서 일어났던 여러 사건과 서로 얼기설기 엮여 있기 마련이다.

이 연결과 단절하는 법을 배우자. 그리고 지난 과거를 '미래를 위한 훈련'으로 볼 수 있도록 마음을 다잡자. 당신이 의도하지 않았지만 사건은 발생했고, 이에 반사적으로 반응을 보였을 뿐이다. 실수를 저질렀을 수도 있지만 너무 연연해할 필요 없다. 이제 당신의 과거를 학습 도구이자 사용 설명서로 활용할 시간이다. 과거는 걸어가는 인생길에서 가장 잘 대응할 통찰력을 알려줄 것이다.

실패를 기꺼이 인정한다

'실패를 피하고 싶다'는 말은 즉 '성공을 피하고 싶다'는 말과 동의어다. 실패는 더 잘 배울 기회를 불러오기 때문이다. 이는 당신에게 배움의 기회를 제공한다. 실패를 통해 다시 생각하게 되기 때문이다. 우리는 실패를 두 팔 벌려 환영해야 한다. 그러면 원하는 목적을 이루기 위해 새로운 방법과 전략을 찾을 수 있게 된다. 실패는 더 깊이 있는 경험과 유용한 지식을 제공한다.

성공과 실패는 빛과 어둠, 태양과 달, 삶과 죽음처럼 서로 떼려야 뗄 수 없는 한 쌍이다. 하나를 가지고 싶다면 다른 하나를 받아들여야만 한다. 성공과 실패를 모두 포용하자. 그러면 실패를 두려워할 필요가 없다는 사실을 금세 깨달을 것이다. 실패는 그 일이 당신에게 적합하지 않다는 증거도 아니고, 부적절했다는 표시도 아니다. 그저 인생을 바꾸기 위한 여행길에 있다는 안내표일 뿐이다.

포기할 때와 하지 않을 때를 구분한다

무언가를 포기한 뒤에 후회한 경험이 있는가? 다음과 같은 질문을 수시로 자신에게 던져보자. 오늘 내린 결정에 대해 미래의 당신은 어떻게 느낄까? 미래의 당신은 '후회 없다'며 후련해할 수도 있고, '형편없는 결정을 내렸다'며 스스로를 책망할 수도 있다.

후회할 것 같다고 느낀다면, 포기하고픈 충동에 굴복하지 말고 목표를 재점검하자. 일이 장기적인 목표와 더는 맞지 않을 경우에는 그만두는 게 전혀 문제가 되지 않는다. 하지만 회복 탄력성이 부족한 탓에 포기하고 싶어진다면 당신의 결심을 다시 불태우기 위해 어떤 선택을 할 수 있는지 자문해보아야 한다.

나에게 도움이 되는 쪽을
선택하기

제3장

061 ~ 090

멘탈이 강한 사람이 되려면 마음 깊은 곳의 생각과 믿음,
신념이 무엇인지 명확하게 파악해야 한다.
불리한 상황에 닥쳤을 때 흔들리지 않도록
당신이 중요하다고 믿는 가치를 분명히 세우자.

당신은 당신의 생각보다 더 강하다

새 한 마리가 나뭇가지 위에 앉았다. 그 위에서는 위험한 동물들로부터 안전하다는 생각에 나뭇가지 사이로 보이는 경치를 즐기며 마음을 푹 놓았다. 나뭇가지가 주는 아늑함과 편안함에 적응하기 시작한 찰나, 갑자기 강한 바람이 휘몰아 쳤다. 세찬 바람에 나무가 크게 흔들리고 나뭇가지가 반으로 뚝 부러질 것 같았다. 하지만 새는 두 가지 중요한 사실 때문에 걱정하지 않았다. 첫 번째는 자칫 나뭇가지가 부러지더라도 자신의 날개를 활용해 하늘로 날아오르면 안전하다는 사실이었다. 두 번째는 비록 이 나뭇가지가 부러진다고 해도 잠시 쉴 만한 나뭇가지는 얼마든지 있다는 점이었다.

··· 교훈 ···

이 이야기는 자신감과 용기에 대해 많은 걸 말해준다. 당신은 생각하는 것보다 훨씬 더 능력이 많다. 당신을 지탱하는 나뭇가지에서 손을 놓는다면 스스로의 힘으로 얼마나 멀리까지 날아갈 수 있을지 깨달을 것이다.

흐름 찾기

"호시절도 한때"라는 말을 들어보았을 것이다. 이런 순간은 심리학자들이 이야기하는 '흐름 flow', 또는 종교에서 신적인 존재와 연결되었다고 믿는 때와 비슷하다. 어느 쪽이든지 간에 시간이 화살같이 순식간에 지나갈 때면 당신의 열정이 어디에 있는지 깨달을 것이다. 에너지를 바닥내고 피곤해 곯아떨어지게 하는 게 아닌, 일하면서 오히려 에너지를 받는다면 당신은 목적을 이루는 일을 하고 있는 것이다. 목적지향적인 삶을 사는 이들은 절대 이런 질문을 하지 않는다.

"겨우 오후 5시밖에 안 됐어?"

생각 멈추기 기술

부정적인 내적 대화는 '생각 멈추기'로 중단시킬 수 있다. 이는 '내가 지금 도움이 되지 않는 생각을 하고 있군. 이 생각을 바꾸어야겠다'고 인식하는 것이다.

부정적인 생각을 하고 있다고 깨닫자마자 글자 그대로 자신에게 "그만"이라고 말하고 긍정적인 생각으로 치환시키자. 이때 간단한 루틴을 만드는 것도 방법이다. 어떤 사람들은 손목에 고무줄을 걸고 있다가 부정적인 생각이 떠오를 때마다 튕기기도 한다.

언제 안 좋은 생각이 떠오르는지 알면 부정적인 내적 대화를 통제하기가 점점 더 쉬워진다. 모든 일이 그렇듯, 연습할수록 더 쉽게 통제할 수 있을 것이다.

나쁜 생각 하나를 없애려면 좋은 생각 열한 개를 떠올려야 한다는 말이 있지 않은가. 열심히 연습해보자.

안전지대 밖으로 나오자

스스로 지정한 안전지대에서 벗어나면 어떤 장점이 생길까? 우선 새로운 기술을 익히게 될 것이다. 또 다른 장점은 '제한된 일련의 행동들'에서 멀어진다는 것이다. 그리고 새로운 영역에서 능력을 키우기 시작하고 전문성을 기를 수 있을 것이다.

안전지대 안에서만 지낸다면 정해진 기술만 있으면 그만이다. 그런 기술은 안락을 선물하겠지만 성공에 크게 도움이 되지는 않을 것이다. 자신 있게 밖으로 나와 다양하고 새로운 기술을 익혀보자. 그래야 당신이 얼마나 많은 것을 이룰 수 있는지 깨닫고, 생각에 한계를 두지 않게 될 것이다.

땀은 신체의 바로미터

만약 지금 물을 마시고 싶은지, 아니면 스포츠음료가 필요한지 구분할 수 있다면 어떨까?

몸 밖으로 쉽게 분비되고 여러 성분이 섞인 화학적 구성물인 땀은 건강과 운동 성과를 측정하기에 이상적이다. 피부 표면에 땀을 모으는 패치를 붙여 분석하기도 한다. 그렇게 한다면 언제 수분을 보충해야 하는지도 알 수 있다.

땀 분비량과 그 구성 성분은 체내에 필요한 물 섭취량과 몸의 회복이 필요한 시간을 판단할 때 유용하다. 그래서 당신이 온종일 최고의 몸과 정신 상태를 유지하도록 돕는다.

인내는 미덕이다

인내는 일의 지연이나 문제점, 고통 등에 짜증을 내거나 초조해하기보다는 오히려 받아들이거나 참아내는 능력이다. 사람이라면 누구든 예외 없이 인내심이 바닥을 드러낼 때가 온다. 하지만 그런 경우가 너무 잦거나 이를 드러내는 행동이 부적절하다면 어떻게 될까? 당신의 명성을 헤치거나, 인간관계를 망치거나, 스트레스가 더해지거나, 가뜩이나 어려운 상황을 악화시킬 수도 있다. 인내는 미덕이다!

어떤 장애물이든 극복하려면 결단력과 집중력이 필수적이다. 어려움을 극복하기 위해서는 감정을 잘 조절해야 한다. 감정의 종류로는 목표를 빨리 이루려는 열정부터 좌절을 겪은 후 분노하는 마음까지 다양하다. 이런 감정으로 인해 자칫 잘못하면 의욕을 잃을 수도 있다. 그러니 즉각적인 결과나 때가 되기도 전에 서둘러 열매를 얻으려 기대하지 마라. 그 무엇이든 소중한 것은 노력과 인내심을 들여야 얻을 수 있다. 모든 일을 진행 중이라고 간주하자.

가치의 가치

멘탈이 강한 사람이 되려면 마음 깊은 곳의 생각과 믿음, 신념이 무엇인지 명확하게 파악해야 한다. 불리한 상황에 닥쳤을 때 흔들리지 않도록 당신이 중요하다고 믿는 가치를 분명히 세우자.

가치란 삶에서 무엇이 중요한지 혹은 무엇을 가장 소중하게 여기는지를 보여주는 신념이다. 가치는 삶의 우선순위를 결정할 뿐 아니라 원하는 대로 삶이 이뤄졌는지 여부를 판단 및 측정하는 기준이다. 자신의 일과 행동하는 방식이 가치와 맞다면 대체로 삶이 편안하고 만족스러우며 충족된 기분을 느낄 것이다. 반대로 개인의 가치와 맞지 않을 때는 즉시 '무언가 잘못되었다'고 느낄 것이다. 이것이 불행의 진짜 근원이다. 그러니 당신의 가치를 알기 위해 의식적으로 노력해야 한다. 스스로에게 질문해보자. 당신에게는 어떤 가치가 가장 중요한가?

한계 짓지 말라

안전지대를 벗어나면 어떤 일이 벌어질까? 하나는 자연스레 이전보다 더 많은 것을 성취한다는 점이다. 집중력도 높아져서 새로운 자기계발도 가능해진다. 그러면 자기 자신을 달리 보게 되고 다시 한 번 안전지대를 더 멀리 벗어나려는 스스로에게 격려를 보낼 것이다.

보상을 분명히 한다

모든 일에는 목적이 있다. 당신은 특정한 결과를 기대하며 일한다. 결과가 일종의 보상인 것이다. 더 건강해지고 싶어 유기농 음식을 먹고, 체중 감량을 시도한다. 좋은 인간관계를 쌓기 위해 시간과 노력, 마음을 다한다. 그 관계가 좋은 결과로 이어지기를 바라기 때문이다.

노력이 명확히 보상으로 이어진다고 믿는다면 일하면서 생기는 스트레스를 즐기게 될 것이다. 이 일이 끝난다 해도 어떤 유의미한 결과로 이어질지 알 수 없다면 더 쉽게 포기하고 싶어질 수도 있다. 스스로에게 질문을 던져보자. "이 고통을 견뎌야 하는 이유가 무엇일까?"

보상은 최종 목표다. 목표를 명확히 그려라. 그래야 물러서거나 포기하고 싶어지는 욕구를 잠재울 힘이 생길 것이다.

인내심은 성공의 열쇠다

일반적인 사람들은 견딜 수 있는 만큼만 일한다. 반면에 성공한 사람들은 늘 '일할 수 있는 상태'를 유지하기 위해, 과거를 밀어두기 위해, 해야 할 일을 해야만 하기 때문에 더 강한 인내심을 발휘한다. 이 인내심, 즉 참을성이야말로 성공의 열쇠다. 한번 어마어마한 고통을 이겨낸다면 더는 불편함이 느껴지지도 않는다. 끝까지 겪어내는 것만이 성공의 유일한 방법이다.

인내심은 어떻게 기를 수 있을까? 무슨 일을 하든지 최대한 오랫동안, 많이 해보는 것이다. 오늘부터 한 가지 행동을 결심해 2주 동안 매일 실천해보자. 예컨대 플랭크 자세, 찬물 샤워, 웃을 일이 없음에도 미소 지어보기, 평소와 달리 나서서 발언해보기, 낯선 음식을 처음 시도해보기 등이 있겠다. 내 몸이 그에 얼마나 빨리 적응하는지, 매일 얼마만큼 더 잘 참아낼 수 있는지 시험해보자.

내 선택을 믿는다

눈앞에 닥치는 일은 통제하기 어렵다. 그러나 그 일을 어떻게 대처할지는 조절할 수 있다. 이를 회복탄력성이라고 말한다.

회복탄력성이 뛰어난 사람들은 부정적인 감정과 두려움이 생겨도 이를 인식하는 데 망설이지 않는다. 대신 부정적인 감정들이 스스로를 통제하거나 좌지우지하게 내버려두지 않는다. 그들은 살다가 닥치는 모든 힘든 일들이 자신의 책임이 아니라는 사실을 알고 있다. 더불어 그 일에 대응하는 반응을 스스로 조절할 수 있다는 사실도 안다.

그들은 자신에게 도움이 되는 쪽을 선택하는 데 거리낌이 없다. 어려운 결정을 내리거나 힘든 상황에 직면해도 선택의 힘을 믿는다. 선택에 힘이 있다고 믿는다면 당신의 관점을 유지하고, 지금 겪고 있는 감정의 흐름을 잘 다룰 줄 알게 될 것이다. 선택의 힘은 행동하고 결정을 내리는 능력을 강화시킬 것이다.

어떤 늑대에게 먹이를 줄 것인가

나이 지긋한 한 체로키 인디언이 손자들에게 인생에 대해 논하고 있었다. 그는 말했다.

"내 안에 전쟁이 벌어지고 있단다. 늑대 두 마리가 치열하게 싸우고 있지. 한 늑대는 두려움과 분노, 시기, 슬픔, 후회, 욕심, 거만함, 자기 연민, 죄의식, 분노, 열등감, 거짓말, 헛된 자존심, 자만을 나타낸단다. 다른 늑대는 기쁨과 평화, 사랑, 희망, 나눔, 평안, 겸손, 친절, 자애로움, 우정, 공감, 너그러움, 진실, 동정심, 믿음을 나타내지."

그는 아이들을 단호한 눈길로 쳐다보며 말을 이었다.

"이와 똑같은 전쟁이 너희 안에서도 벌어지고 있어."

한 아이가 물었다.

"어떤 늑대가 이기나요?"

체로키 인디언 할아버지가 대답했다.

"네가 먹이를 주는 늑대가 이기지."

신뢰가 성과로 이어지는 이유

개인으로서든 사회적으로든 어떤 관계에서든지 신뢰는 필수적이다. 신뢰 없는 팀은 존재하기 어렵다. 신뢰가 없다면 그저 일만 같이하는, 종종 실망스러운 결과를 낳는 개인들로 구성된 한 묶음일 뿐이다. 반면에 신뢰감이 존재하면 그룹 내의 개인은 더 강해진다. 자신이 효과적이고 협력하는 그룹의 구성원이라고 느끼게 되기 때문이다.

서로를 진심으로 믿는다면, 그 마음은 진정 놀라운 목표로 이어진다. 신뢰는 안정과 든든함을 바탕으로 하기 때문이다. 서로에 대해 안전하다고 느낀다면, 마음의 문을 열고 적절한 위험을 무릅쓰며 약점을 드러내는 데 망설이지 않게 된다. 이는 곧 의미 있는 성과로 이어진다.

오늘 당신은 인간관계에서 어떻게 신뢰를 쌓을 것인가?

지능보다 열정에 우선순위를 둔다

성공은 쉽게 오지 않는다. 당연하다. 그게 말처럼 쉽다면 누구나 억만장자에 올림픽 메달리스트가 될 것이다. 누구나 성공한다면 그 성취들에 '성공'이라는 단어가 붙지는 않을 것이다. 아기나 장애가 있지 않은 이상 일반적으로 끼니를 스스로 챙겨먹는 행동에 '성공'이라는 단어를 붙이지 않는 것과 같다.

성실함과 회복 탄력성, 투지, 추진력 등은 원하는 곳으로 나아갈 수 있게 해주는, 세월이 흘러도 변치 않는 특징이다. 멘탈력이 당신의 게임 체인저가 될 것이다.

당신을 원하는 곳으로 이끌어줄 가장 든든한 아군은 기술이나 지능이 아니다. 눈에 보이거나, 손으로 잡을 수 있거나, 사진으로 찍을 수 있거나, 돈으로 살 수 없는 모든 것들이 당신을 타인과 구별하는 특징이다. 이는 곧 결단력과 열정, 집중력, 자신감, 회복력 같은 것들이다. 이제부터 이런 특징들을 개발해보자. 그러면 성공하기 위한 최상의 상태가 될 것이다.

멘탈력의 중요성

멘탈력은 성공하는 데 그 어떤 것보다 더 큰 역할을 한다. 얼마나 성공적으로 교육을 이수했는지가 아니라, 멘탈력이 얼마나 강한지가 더 중요하다. 즉 주변에서 무슨 일이 일어나든 상관없이 포기하지 않고 계속 나아가는 능력이 당신의 게임 체인저가 되어줄 것이다.

변화에 유연하게 적응한다

찰스 다윈이 이런 말을 했다. "살아남는 종은 지능이 가장 높은 종도, 가장 강한 종도 아니다. 변화하는 환경에 맞춰 적응하고 조정하는 데 가장 뛰어난 종이다." 이 말은 인간에게도 똑같이 적용된다.

무질서가 새로운 개념은 아니지만, 오늘날의 무질서는 지금껏 한 번도 겪어본 적 없을 정도로 복잡하다. 인생은 규칙과 목표가 계속해서 변화하는 일종의 게임이다. 장기적으로 볼 때 인생의 우승자는 다음 단계로 나아간 이가 아니라 끊임없이 적응해나가는 사람이다.

성공하려면 변하는 환경을 계속 수용하고 이를 활용해야 한다. 강한 것도 중요하고 유용하지만, 매일 마주하는 어려움과 좌절에 빨리 적응하고 유연하게 대처하는 능력이 그것들보다 더 중요할 수 있다.

시간을 할애해 감정을 들여다보자

모든 일에는 때와 장소가 있듯 강렬한 감정도 마찬가지다. 사랑하는 사람을 잃었을 때 울음이 쏟아지는 게 일반적인 반응이다. 연인에게 차이고 난 뒤에 베개를 세게 치거나 얼굴을 파묻고 소리를 지르면 분노와 긴장감이 덜어지기도 한다. 그러나 자제해야 하거나 감정을 조절해야 하는 상황도 분명히 존재한다.

부당한 징계를 받았을 때, 그 좌절감이 얼마나 크든지 간에 상관에게 소리를 지르는 것은 문제 해결에 전혀 도움이 되지 않는다. 주변과 상황을 의식하면 언제 감정을 쏟아내도 괜찮을지, 그리고 언제 감정을 조금 가라앉히고 앉아 있어야 하는지 판단하는 데 도움이 될 것이다.

감정을 가라앉히고 앉아 있으라는 것은 감정으로 인해 발생한 신체적 감각에 집중하라는 의미다. 행복할 때는 가슴이 활짝 열린 듯한 기분을 느낄 것이다. 하지만 불안할 때는 배가 꼬이는 듯한 감정이 일어날 것이다. 몸이 감정에 어떻게 반응하는지 10분 정도 가만히 앉아 들여다보자.

인내의 시간을 견뎌내면 보상이 온다

모든 식물에는 양분, 즉 물과 흙, 해가 필요하다. 대나무도 마찬가지다.

그런데 이 식물은 가정에서 키우는 일반적인 식물들에 비해 성장 속도가 느리다. 첫해에는 이렇다 할 활동이 보이지 않을 것이다. 그 다음해가 와도 흙 위로 자라지 않아 혹시 죽은 건 아닌지, 도대체 언제 싹이 틀지, 이걸 왜 신경 써야 하는지 의문이 생길지도 모른다. 할애한 시간과 노력만큼의 보상이 돌아오지 않으니 말이다.

하지만 천천히 기다리다 보면 드디어 5년째가 되는 해, 놀랄 만한 일이 일어난다. 대나무는 6주 만에 8피트(약 2미터 44센티미터)가 자란다!

물은 99도에서는 끓지 않는다. 100도가 될 때까지 꿈을 포기하지 마라. 끊임없이 정진하자. 결국 다 보상을 받게 될 것이다.

쉬운 길이 아닌 원하는 길을 간다

장애물을 만나면 마음은 즉각 가장 저항이 적은, 제일 쉬운 길을 찾는다.

그편이 합리적이다. 원하는 결과를 얻기 위해 필요보다 더 힘들게 노력할 필요가 있겠는가? 무엇하러 일부러 더 많은 스트레스를 견디거나 괴롭고 불편한 상황으로 자신을 밀어 넣겠는가?

문제는 더 쉬운 길이 있다고 유혹하는 무수한 방해 요소들에 마음을 빼앗기거나 목표를 낮추는 유혹에 빠질 수도 있다는 점이다. 문제가 덜 생길 것 같은, 덜 골치 아플 법한 일들만 찾을지도 모른다.

다행히도 이런 방해 요소를 무시하도록 스스로 훈련할 수 있다. 모든 좋은 습관이 그렇듯, 몸에 익기까지 시간이 필요할 뿐이다. 목표가 너무 원대해 낙담했는지, 아니면 너무 쉬운 목표에 의욕이 떨어지지는 않는지 확인해보자.

자제력을 키운다

자제력이란 장기적인 목표를 이루기 위해 단기적인 유혹을 물리치는 능력이다. 논리와 감정 사이의 전쟁이라고 보아도 된다. 목표를 향해 정진하지 못하도록 하는 것들, 예컨대 과식하기, 쇼핑하기, 휴대전화만 들여다보기, 과음 같은 행동에 "안 돼"라고 제동을 거는 것이 자제력이다.

자제력은 모두가 갈망하는 능력이다. 자제력을 발휘하는 방법 가운데 하나는 스트레스 수준을 관리하는 것이다. 자제력은 기본적으로 감정이니, 스트레스를 받아 부정적인 감정이 생기면 자연스레 사라지게 된다. 자제력이 사라지면 결과적으로 효과적으로 수행해야 할 업무를 제대로 하지 못하게된다.

자제력이 금세 시들해질지도 모른다. 하지만 운동을 거듭하면 약하던 근육에 힘이 생기듯, 자제력도 시간을 들인다면 점차 강하게 단련시킬 수 있다. 그러니 이런 중요한 힘의 근원을 늘리기 위해 스트레스를 잘 관리해 최소화시켜야 한다. 오늘, 의지가 사라지는 것 같다면 호흡을 가다듬는 훈련이나 명상을 하자.

정직해지자

만나는 모든 이에게 당신의 목표를 말하라. 많은 사람들이 목표는 혼자만 알고 있으면 된다고 말한다. 하지만 과연 이 말이 사실일까? 목표를 공표하려면 많은 용기가 필요하다. 그리고 실패했을 때 솔직히 고백하는 것도 용기가 있어야 가능하다. 솔직함과 정직함은 성공에 필수적인 덕목이자 인생에서 앞으로 나아가는 데 없어서는 안 될 특성이다.

말하는 것에서 모든 발전은 시작한다. 정직하라는 말은 단순히 사실을 나열하라는 의미가 아니다. 당신이 누구인지, 무엇을 원하는지, 진솔하게 살기 위해 무엇이 필요한지에 대해 스스로와 다른 사람들에게 솔직해지는 것이다. 정직은 감각을 단련시키고, 주변의 모든 것을 명확하게 관찰하게끔 돕는다.

부정적인 감정 들여다보기

부정적인 감정 자체가 건강하지 못한 것은 아니다. 한 연구 조사에 따르면 부정적인 감정은 정신 건강과 정신적 행복에 기여하기도 한다. 그러니 그 감정을 외면하기보다는 인정하는 것이 스스로에게 이득이다.

부정적인 감정은 당신의 능력을 쉽게 장악해 합리적인 판단을 내리게끔 하고, 목적이 분명하게 행동하도록 돕는다. 어쩌면 이 감정은 당신을 순식간에 압도할 수도 있다. 그러니 당신이 겪는 감정, 즉 분노와 부끄러움, 슬픔, 공포, 죄책감이 과장된 것은 아닌지 들여다보아야 한다.

부정적인 감정을 억누르기보다는 그런 감정이 떠오를 때마다 잘 살펴보는 습관을 기르자.

태핑 기법 활용하기

정서 자유 기법EFT, emotional freedom technique이라고 알려진 태핑tapping은 감정으로 인한 고통을 치유하기 위해 사용한다. 손가락 끝으로 몸을 두드려 에너지 포인트에 자극을 주는 것이다. 좀 이상하게 들릴 수 있지만 이는 과학적으로 증명된 방법이다. 태핑 기술은 뇌의 스트레스 중추인 편도체에 진정 신호를 낸다. 그러면 몸과 뇌가 안 좋은 경험, 감정, 사고와 기타 당신을 방해하는 것들로부터 스스로 정한 한계를 놓아주게 된다.

에너지 포인트 지점은 다음과 같다. 머리 꼭대기나 눈 바깥쪽, 눈썹 시작 부분, 코 바로 위, 눈 밑, 인중, 볼을 손가락으로 다섯 번씩 두드려보자. 그리고 이렇게 두드리는 동안 반복해서 말할 간단한 구절들을 만들어보자.

머릿속 나와 대화하기

시각화란 머릿속에 있는 그림을 들여다볼 줄 아는 능력이고, 내적 대화는 머릿속에서 일어나는 대화다. 가장 중요한 것은 '어떻게 생각하는지'와, '어떻게 느끼고 행동하는지' 사이의 관계를 이해하는 것이다.

가장 훌륭히 마친 업무와 완전히 망쳤던 업무 사이의 차이점은 무엇일까? 바로 마음과 생각에 달렸다. 사실이다. 주변에서 일어나는 일에 생각하고 느끼는 바를 스스로에게 묻는, 내적 대화가 지극히 중요하다.

생각을 전적으로 통제할 수는 없다. 하지만 스스로에게 하는 말은 바꿀 수 있다. 그리고 이보다 중요한 선택은 없다.

매일 의미 있는 행동을 선택한다

로마는 하루아침에 지어지지 않았다. 마찬가지로 원하는 삶도 하루 만에 뚝딱 이루어지지는 않을 것이다. 하지만 목표를 향해 매일 조금씩 나아가는 행동이 꿈을 현실로 이루게 도와줄 것이다.

얼마나 멀리 가야 하는지에 너무 집착할 필요 없다. 대신 오늘에 집중하고, 매일매일 스스로 원하는 곳으로 데려다줄 만한 행동을 반복하자. 목표를 향해 다가가는 행동을 루틴으로 만들 수 있다면 효과가 있을 것이다. 그 과정을 믿어라.

찬물로 샤워하라

회복 탄력성과 결단력을 기르기 위해서는 불편함을 인내하는 연습이 필요하다. 누구나 쉽고 편한 것에 끌린다. 하지만 그러한 선택들은 아무것도 가르쳐주지도 않고, 우리를 발전시키지도 않는다. 불편을 경험할 준비가 되어 있다면, 스스로 얼마만큼 견딜 수 있는지 깨달을 것이다. 다음 방법을 실천해보자. 일주일 동안 매일 얼음처럼 차가운 물로 3분간 샤워를 해보자. 차가운 물은 적당한 스트레스를 줄 것이다. 당신은 과호흡하기 시작하고, 심박수도 빨라지고, 아드레날린도 치솟을 것이다.

하지만 며칠만 지나면 몸이 금세 그 자극에 적응해 이내 스트레스 반응이 낮아질 것이다. 찬물은 몸의 자연 치유력을 활성화시키고, 맑게 깨어나게 만들며, 기분을 좋게 만들어주고, 소화도 돕는데다가, 체중 감량과 숙면, 면역 시스템 강화에도 도움을 준다. 이미 많은 사람이 이를 두루 경험했기 때문에 매일같이 찬물 샤워를 하고 있다. 짧은 시간 동안 이루어지는 불편함을 참을 수 있다면 회복 탄력성과 멘탈을 강화시킬 수 있을 것이다.

자신에게 말 걸기

'나는 할 수 있어', '내게는 능력이 있어' 같은 말들을 자기 가치 확인self-affirmations이라고 말한다. 이런 말을 스스로에게 반복하면 자연스럽게 자신감과 믿음이 커진다. 이 간단한 문장들은 단점보다는 강점으로 시선을 옮기는 데 도움을 주기 때문에 효과적이다. 당신이 특정 일을 하는 모습을 머릿속으로 떠올릴 때든 실제로 그 일을 할 때든, 뇌에서는 모두 똑같은 영역이 활성화된다.

자기 가치 확인은 스스로 다 준비되었다고 느낄 정도로 머릿속으로 리허설을 하는 과정이다. 이를 잘 활용하면 일이 닥쳤을 때 충분히 여유롭게 대처할 수 있다. 이렇게 하면 성공을 잠재적으로 방해할 수 있는 자기 파괴적인 생각이나 행동도 줄어든다.

머릿속으로 자기 가치 확신을 반복하면 동기와 자신감을 높일 수 있다. 그렇지만 결국에는 직접 행동해야만 한다. 스스로에게 말을 거는 것은 변화 그 자체가 아니라, 변화를 향한 하나의 단계일 뿐이다.

마음이 쉴 시간을 주자

일에서 벗어나 마음을 쉬게 하고 스스로를 돌보는 데 시간을 할애한다. 그러고 나면 더 맑은 정신으로 업무로 돌아갈 수 있다. 주변 환경이나 삶의 속도에 변화를 주는 것도 정신 건강에 도움이 된다. 좋아하는 책을 몇 페이지라도 펼치든지, 라디오에서 흘러나오는 음악에 맞춰 노래를 부르든지, 혹은 명상을 몇 분간이라도 해보자.

이 작은 휴식들이 겪고 있는 문제들을 고칠 수는 없을 것이다. 하지만 그 문제들 때문에 압도당하는 기분에서 당신 스스로를 보호할 수는 있다.

회복 탄력성이 좋은 사람들은 정신을 쉬게 하는 자신만의 노하우가 있다. 상처를 입어도 금세 회복하고 싸웠던 장소로 다시 돌아가 자신만의 전투를 시작한다. 당신이 가장 선호하는 휴식 방법은 무엇인가?

고도의 집중력을 개발하는 법

고도의 집중력을 발휘한다면 당신은 평범한 사람에서 특별한 사람으로 거듭날 것이다. 발등에 떨어진 시급한 업무들, 모든 방해물들 앞에서도 집중할 수 있는 전략을 찾아야만 한다. 그것이 성공할 수 있는 방법이다. 성공하고 싶다면 집중력을 높이는 전략을 찾아야만 한다.

다행히도 고도의 집중력은 생각보다 쉽게 개발할 수 있다. 우선 깊이 자고, 규칙적으로 운동하자. 이것들이 생산성과 수행 능력, 집중력을 키우는 토대가 되어줄 것이다.

다음은 방 온도를 확인해보자. 한 연구 조사에 따르면 약 21도로 설정된 방에서 근무하는 사람들이 그보다 더 온도가 낮은 공간에서 일하는 이들보다 집중도도 높고 성공에도 가까워진다고 한다.

일이 많을수록 책상 위에 오래 붙어 있어야 한다고 생각하기 일쑤인데, 오히려 휴식을 취하면 잊고 있던 동기가 다시 떠올라 집중력을 높이는 데 도움을 준다.

큰 도약

멘탈력을 키우기 위해서는 마음속 깊은 곳을 들여다보아야 한다. 스스로의 감정과 생각, 믿음, 신념 등을 예리하게 파악해야 한다. 당신의 가치를 명확히 해서 부당한 상황에 의도적으로 반응해야 한다.

멘탈력을 키우기 위해 스스로를 감정과 분리시킬 필요는 없다. 대신에 자신의 감정들을 너그럽게 받아들여야 한다. 일이 잘못되었을 때 느껴지는 두려움과 좌절을 그대로 인정하자. 그러면 그 감정이 진실한지, 정확한지 확인할 수 있을 것이다. 또한 현실적이지 않은 감정들을 통제할 수 있게 된다.

자기 인식에 익숙해지면 감정을 적절히 조절하는 사람으로 한 걸음 도약하게 될 것이다.

회복탄력성
연습하기

제4장

091 ~ 120

우리는 종종 자신의 유용한 점들을 익숙하다는 이유로 무시한다.
내게 가장 큰 약점 같았던 부분이 중요한 장점이 되기도 하고,
세상에 잘 적응하도록 도와주기도 한다.

약점인 줄 알았던 것이 주요한 강점일 수 있다

강가에서 물을 마시던 수사슴이 수면에 비친 자신의 모습을 감상하고 있었다. 아름다운 뿔에 비해 다리가 너무 얇고 볼품없는 것 같아 실망스러웠다. 그때 갑자기 바스락거리는 소리가 나더니 사냥꾼이 나타났다. 사냥꾼의 활시위를 당기는 모습을 발견하자마자 사슴은 자신의 두 다리로 민첩하게 숲으로 달아났다. 그제야 사슴은 오늘 목숨을 건진 건 날쌘 다리 덕분이라는 사실을 깨달았다.

··· 교훈 ···

우리는 종종 자신의 유용한 점들을 익숙하다는 이유로 무시한다. 내게 가장 큰 약점 같았던 부분이 중요한 장점이 되기도 하고, 세상에 잘 적응하도록 도와주기도 한다.

땀샘은 스트레스를 확인하는 척도다

인간의 몸에는 약 300만 개의 땀샘이 있다. 땀샘은 모공을 통해 피부 표면으로 수분을 분비한다. 땀샘의 밀도는 부위마다 다르다. 가장 조밀한 부분은 이마와 볼, 손바닥, 손가락, 발바닥이다. 피부에 얼마나 땀이 많이 나는지 확인하면 감정의 동요가 있을 때 당신이 어떻게 느끼는지 알 수 있다.

긍정적인 감정이든 부정적인 감정이든, 즉 스트레스를 받거나, 긴장하거나, 당황했거나, 놀랐을 때 감정적으로 흥분하면 땀샘이 활성화되어 땀이 더 활발하게 분비된다. 이때 '전기 피부 반응 센서'로 땀의 전기 전도성을 측정할 수 있다. 이를 측정하면 당신이 스트레스와 압박에 얼마나 잘 대처하고 있는지 확인 가능하다.

꿈이 클수록 실현 가능성도 커진다

스스로 능력을 탐구하고 확장할 수 있는 목표를 설정해야 한다. 꿈을 크게 꾸라는 의미는, 인생에서 간절히 원하는 대상을 제약 없이, 자유롭게 떠올려보고, 현실적으로 불가능하다고 생각되는 이유들을 모두 잊으라는 뜻이다. 꿈을 크게 잡으면 더 큰 그림을 그릴 수 있게 된다. 이것이 동기부여가 되어 온갖 종류의 어려운 일들도 곧잘 처리할 수 있도록 돕는다.

꿈에는 목표도 포함된다. 꿈은 삶에 목적과 방향과 의미를 부여해준다. 당신이 선택을 내리도록 돕고, 미래를 위해 훈련하기를 멈추지 않게 할 뿐 아니라, 조절 능력과 희망을 키워주기도 한다.

뇌를 발전시키려면 좋은 음식이 필요하다

뇌를 보호하고 건강하게 발전시키려면 좋은 음식 위주로 섭취해야 한다. 뇌는 몸 전체에 비해 굉장히 적은 부분을 차지하지만 우리 신체 기관 중 그 어느 부분보다 더 많은 에너지를 사용한다. 뇌가 기능을 잘 유지하기 위해 필요한 영양분은 우리 몸 전체의 20퍼센트를 차지한다.

먹고 마시는 음식이 뇌가 잘 작동하고 집중력을 유지시키는 데 막대한 영향을 끼친다. 되도록 물을 많이 마셔 탈수를 방지하는 것도 중요하다. 심지어 아주 약간의 탈수만 와도 뇌 조직이 축소되어 집중력과 기억력에 일시적인 손상이 발생할 수도 있다.

적당한 카페인은 집중력과 조심성, 생산성 등을 높여준다. 하지만 카페인은 항정신성 약물이니 너무 많이 마시면 오히려 뇌에 나쁜 영향을 줄 수 있다는 사실을 잊지 말자.

타인과의 비교는 자신을 잃는 행위다

한 번쯤은 겪어봤을 것이다. 자신의 직업에 나름대로 만족하고 행복하다고 느끼다가도 다른 사람의 직업 이야기를 듣다 보면 그쪽이 훨씬 더 나아 보이는 경험 말이다. 사업이 성장 가도를 달리고 있고 스스로 직업에 만족스러워하다가도 다른 사람의 사업이 훨씬 빠르게 성장 중이라는 말에 갑자기 마음이 달라진다. 만사가 잘 풀려간다고 느끼다가도 평소에 동경하던 것들을 동료가 하고 있음을 깨닫는 순간 기분이 가라앉는다.

인생을 당신의 과거가 아닌 다른 이의 인생과 비교한다면, 이는 불행을 자초하는 셈이다. 남이 걷는 길을 부러워한다는 건 현재 당신이 걷고 있는 길을 포기한다는 뜻이다.

당신만의 길을 가라. 그렇지 않으면 목표도 없이 헤매거나 인터넷에서 떠도는 성공담이나 따라하는 사람이 될 것이다. 자신의 이전 모습 이외에는 그 누구와도 비교하지 말자.

건강한 음식이 건강한 나를 만든다

동기를 유발시키고 목표를 이루는 열쇠는 스스로를 잘 돌보는 데 있다. 에너지가 부족하면 자신의 내부 지원 시스템, 즉 내면을 잘 관리하기 어려울 수 있다. 내부 지원 시스템은 목표를 이루는 데 필요한 육체적 에너지, 감정적 에너지, 정신적 에너지를 제공한다.

예리한 눈으로 자신의 식습관을 잘 관찰해보자. 당신은 당신이 먹은 음식과 음료만큼만 건강하다. 그러니 건강한 음식을 섭취하자. 섬유질과 채소, 과일을 많이 먹어야 한다. 몸은 60퍼센트가 물로 구성되어 있다. 매일 충분히 물을 마시지 않는다면 탈수가 급속도로 진행될 것이다. 하루에 2리터씩 마시는 것을 목표로 세우자.

인지 재구성 훈련

멘탈력을 강화시키려면 인지를 재구성해야 한다. 이는 모든 부정적이고 부정확한 사고와 태도, 감정을 의심하는 과정을 뜻한다. 특정 상황이 발생했을 때 당신이 보이는 자동적인 반응을 인정하고 이를 당연시하는 게 아니라, 현미경에 생각을 올려놓고 자세히 관찰하는 것이다. 당신이 세상을 어떻게 보는지가 아니라, 세상에서 당신을 어떻게 보는지를 떠올려보라는 의미다.

인지 재구성은 한 번으로 끝나는 일회성 프로세스가 아니다. 매일같이 주의를 기울여야 하고, 사고방식을 점검하고, 타당한지 스트레스 시험을 해야 한다.

무조건 예스를 말하지 말라

대참사를 부르는 한 가지 확실한 공식이 있다. 바로 모두를 만족시키려고 애쓰는 것이다. 당신은 모두가 당신을 좋아하기를 바라고, 반대를 두려워할 것이다. 어쩌면 모든 사람의 뜻대로 해주는 것이 갈등과 충돌을 피하는 가장 안전한 길이라고 생각할지도 모르겠다. 그러나 다른 이들을 만족시키기는 쉽지 않다. 자신의 의견을 솔직히 밝히지 않고 자기 생각을 분명히 말하지 않는 모습은 당신의 진짜 모습이 아니라는 사실을 명심하자.

늘 '예스'만 외치는 소용돌이에서 빠져나와야 한다. 남을 만족시키려 하면 상대의 계획을 이뤄주기 위해 당신의 계획을 수정해야 하고, 그러면 일이 계속 늘어나기만 할 것이다. 의도는 좋을지언정 당신은 당신이 정말 무슨 생각을 하고 있는지 감추게 된다. 그건 진실하지 못한 삶이다!

원하는 목표를 이루려면 강해져야 한다. 또한 강한 사람들은 주변에 강한 사람을 두기를 바란다.

긍정적인 생각의 일부를 삶에 건설하자

긍정적인 사고를 지나치게 부추기는 것은 경계해야 한다. 실제 상황은 별로 좋지 않은데 좋은 것으로 착각할 위험이 있기 때문이다. 너무 긍정만 강조하다 보면 나쁜 사건이나 경험을 얼렁뚱땅 무마하거나 넘겨버릴 수도 있다. 고통과 걱정, 상심, 두려움은 모두 인간이라면 누구나 겪는, 정상적인 감정이다.

무조건 긍정적으로 생각하기보다는 긍정적인 생각의 일부를 삶에 건설하자. 긍정적인 사고는 미래에 상황이 나아지리라는 희망적이고 낙관적인 감정을 가지는 것이다. 낙관론자는 '좋은 일이 일어날 거야'라고 기대하는 데 반해 비관론자들은 불리한 결과를 기대하거나 예상한다.

당신은 낙관론자인가 비관론자인가? 오늘 더 희망적이라고 느끼려면 무엇을 시작해야 할까?

참는 자에게 오는 것들

흔히 "인내는 미덕"이라 하는데, 이 말은 진실이다. 인내는 목표를 성취하고 인생을 더 긍정적으로 보게 만들며 덜 민감한 사람이 되도록 돕는다. 결국 인내하면 나쁜 결정을 덜 내리게 되는 셈이다. 스트레스와 후회, 분노는 그 누구에게도, 무엇에도 도움이 되지 못한다.

그러니 알 수 없는 미래, 부정적인 사건, 무서운 일이 닥치면 우선 잠시 멈춰라. 아무것도 하지 말고 가만히 앉아라. 그리고 만약 뇌가 부정적인 방향으로 흘러간다면 인생의 긍정적인 점들을 떠올려보자. 이 태도가 더 나은 결정을 내릴 수 있는 올바른 마음 상태로 되돌려줄 것이다. 참는 자에게 복이 온다는 말이 있지 않은가.

틀렸다면 인정하라

멘탈이 강한 사람들은 자신의 실수를 인정할 줄 안다. 마치 아무 일도 없었던 듯이 실수를 넘겨버리지 않는다. 가식적인 행동은 무언가 잘못되었음을 눈치챘을 때 하는 일반적인 태도다. 잘못을 솔직히 인정하기보다는 자신을 방어하려고 한다. 하지만 이런 태도는 종종 실패로 끝나며, 오히려 구멍을 더 깊게 파 신뢰를 잃고 관계를 악화시킨다.

틀렸다며 자연스럽게 인정하는 것도 필요하지만, 행동에 대한 책임을 온전히 지는 것이 더 중요하다. 실수를 인정하면 죄책감을 덜 수 있다. 틀렸음을 인정하지 않는 것은 죄책감이 뼛속에 자리 잡고 앉아 썩도록 내버려두는 셈이다.

수면의 양과 질이 성공을 결정한다

잠을 충분히 자고 있는가? 음식을 섭취해야 살아갈 수 있는 것처럼, 충분한 수면도 생존에 필수적인 요소다. 잠을 자야 몸이 휴식하고 다음 날에 대비할 수 있다. 잠은 몸에 짧은 휴식을 주는 행위다. 과학자들의 말에 따르면, 우리가 잘 때 뇌는 정보를 분류해 저장한 다음, 화학물질을 바꾸고 이런저런 문제를 해결해준다고 한다. 잠을 충분히 자지 못하면 기억력과 집중력이 떨어지고 면역력이 약해지며 기분이 들쑥날쑥해질 수 있다. 대부분의 성인은 7시간에서 9시간 정도의 수면 시간이 필요하다. 일찍 자고 일찍 일어나는 사람이 건강하고 부유하고 현명해진다. 당신이 충분히 자고 있는지 점검해보라.

오후 이후에 커피 등 카페인을 섭취했다면 수면의 질이 떨어질 수 있다. 카페인과 술, 니코틴을 멀리하면 수면의 질과 양이 향상될 것이다.

충동 조절 연습

멘탈력을 기르려면 충동 조절 연습을 해야 한다. 이는 무언가를 더 갈망하게 돕고 쉽게 적응하고 잘 성장하도록 독려한다. 변화하고 확장하며 새로운 전략을 찾게 만든다.

이 강점을 개발하는 방법이 있다. 배가 아무리 고파도 15분쯤 더 참았다가 식사하는 것이다. 배가 좀 고파도 괜찮다. 어차피 음식은 곧 먹게 된다는 사실을 알고 있지 않은가. 그러니 순간의 충동에 이끌려 식사하기보다는 배고픔을 느껴보자. 이 연습에 익숙해질수록 불편함을 참는 게 익숙해질 것이다.

용기를 내라

'용기'라는 말을 들으면 제일 처음에는 육체적 용기를 떠올릴 것이다. 하지만 다른 형태의 용기도 많다. 결국 용기는 두려움이 없는 상태가 아니라, 두려움을 극복하는 것이다. 용기는 다수가 나서지 않을 때조차 일어서 기회를 잡는 것이다. 무슨 일이 있어도 비전을 따르고 스스로 믿는 바를 위해 당당히 맞서는 것이다. 특히 당신의 신념이 인기가 없을지라도, 혹은 더 쉬운 선택지가 있다 해도 당신의 선택이 옳다.

그러니 오늘, 믿을 수 없는 것을 믿기 위해, 용서하고 빨리 털고 일어서기 위해, 모두가 배를 버릴 때조차 항해를 계속하기 위해, '아니오'라고 말하기 위해, 혹은 도움을 요청하기 위해 용기를 내라.

성공하기를 즐겨라

목표를 100퍼센트 달성하려고 작정했는가? 그렇다면 자연스럽게 그 과정에서 이뤄낸 작은 성공들을 즐기기 시작할 것이다. 사소한 부분이라도 성공했을 때마다 자신감이 붙고, 더 강한 사람으로 거듭날 것이다. 이런 작은 성공을 많이 쌓아라. 그리고 아무리 사소한 일이어도 '해냈다'는 기쁨을 마음껏 즐겨라.

일을 미루거나, 산만해져 신경이 분산되는 것은 작은 성공을 모으는 데 아무런 영향을 끼치지 않는다. 시간이 지남에 따라 이런 작은 성공들이 하나둘 쌓이면, 결심을 굳히고 더 집중력을 높이며, 자신의 능력에 자신감이 생긴다. 할 수 있다는 걸 당신도 알고 있다. 그러니 끝까지 노력하고 집중하며 의지를 잃지 말자.

마음을 털어놓을 이가 필요하다

'강하게 행동하기'와 '강함' 사이에는 커다란 차이가 있다. 전자의 의미는 아무런 문제가 없는 척을 하는 것이다. 후자는 당신에게 모든 해답이 있다는 사실을 인정하는 것이다.

불편하게 느껴질 수는 있어도, 누군가에게 솔직히 마음을 털어놓아보자. 이 행동이 멘탈력을 개발하는 데 도움이 될 것이다. 의도적으로 친구 및 가족들과 주기적으로 대화하려고 노력하라. 가까운 친구와 가족이라도 당신의 견해와 다른 의견을 제시할 수 있다.

열린 마음으로 전문가의 도움을 구하는 것도 괜찮다. 의사에게 건강상의 문제가 있는지 상담해보자. 정신 건강 전문가를 추천받아도 좋다. 요즘에는 문자나 앱, 웹으로도 상담을 받을 수 있다.

강압보다 친절의 힘이 더 세다

바람과 태양이 서로 더 강하다며 다투고 있었다. 그때 그들 사이를 한 여행객이 지나갔다. 둘은 대결을 벌이기로 했다. 여행객의 코트를 먼저 벗기는 쪽이 승리하는 대결이었다. 바람은 있는 힘껏 입김을 불었다. 여행객은 코트를 벗기는커녕 오히려 코트 자락을 더 세게 움켜쥐기만 했다. 다음으로 태양 차례였다. 그는 부드러운 햇살을 여행객에게 비췄다. 슬슬 더워진 여행객이 마침내 코트를 벗었다.

··· 교훈 ···

설득이 강압보다 낫다. 해가 보여준 친절하고 부드러운 태도가 차가운 위협과 위압적인 힘보다 강했다. 만약 누군가에게 지시해야 한다면 소리 지르기보다는 친절하고 겸손하게 말하라. 당신도 알게 될 것이다. 이쪽이 훨씬 더 좋은 반응을 얻을 수 있다는 사실을 말이다.

친절을 나눠라

나눌 때 두 배가 되는 유일한 것이 '친절'이다! 한 연구 결과에 따르면 하루에 친절한 행동을 한 가지씩만 해도 스트레스와 불안, 우울 정도가 줄어든다고 한다. 당신은 물론 당신이 도와준 사람에게도 더 차분하고 행복감을 주는 호르몬이 분비된다고 한다. 세로토닌은 기분을 좋게 만들고 엔도르핀은 고통을 줄이며 옥시토신을 혈압을 낮추고 사랑을 주고받고 싶다고 느끼게 한다.

친절은 결과적으로 자신감과 통제력, 행복, 낙관론을 증진시킨다. 또한 당신이 친절을 베푼 이도 다른 이들에게 선하게 행동하고자 할 테고, 이는 세상이 선해지는 결과를 가져올 것이다. 이렇게 세상에 연쇄 작용을 일으켜보자!

당당하게 행동하라

첫인상이 전부다. 사람들은 당신을 찰나에 판단해버린다. 만약 처음에 신중하게 행동하지 못했다면, 당신이 평소에 어떤 사람이든 상관없이 상대는 매우 다른 이미지를 얻게 될 것이다. 자신감을 드러낸다는 의미는 신뢰와 관계를 빨리 형성할 줄 안다는 뜻이다. 자신감은 보거나 만질 수 없지만, 분명하게 느낄 수 있는 요소다.

오늘부터는 서 있거나 앉을 때 보다 자세를 똑바로 세우자. 평소보다 4센티미터는 더 커 보일 것이다. 2센티미터 정도는 쉽게 오르내릴 수 있지만 4센티미터를 키우려면 거의 스트레칭을 하는 수준으로 자세를 높여야 한다. 이렇게 자세를 꼿꼿이 유지하면 즉각 가슴이 확장되면서 기도가 열려 몸속에 산소가 더 원활하게 흐르게 된다. 당신이 미처 몰랐던 새로운 자신감이 생길 수 있을 것이다.

스트레스를 아군으로 포섭하라

스트레스 반응은 외부 위험과 위협에 대응하려는 신체적 활동이다. 이는 몸의 중대한 경고 신호로, 다음 행동을 준비할 수 있도록 심장 박동 수를 늘이는 역할을 한다. 그러니 스트레스 반응이 일을 다 망칠지도 모른다는 걱정은 내려놓고, 이를 아군으로 삼아라. 오히려 스트레스가 당신을 위해 일을 하게 만들어라. 스트레스는 당신의 반응을 영민하게끔 돕고, 정신을 집중시키며, 행동에 나서게끔 돕는다. 스트레스에 대한 프레임을 다시 짜면 스트레스를 외부의 적이 아닌 상황에 대처할 수 있는 기회로 받아들일 수 있게 된다. 그러면 멘탈을 강화할 수 있을 것이다.

스트레스라는 감정을 포용하라. 더 많이 성취하고 동기를 부여하는 데 활용하라.

부정적인 내적 대화를 중단하라

당신의 내부에는 비판자가 산다. 인간이라면 누구나 그렇다. 당신이 그다지 훌륭하지 않으며, 똑똑하지도 못한데다가, 매력도 별로 없다고 머리 안에서 속삭이는 소리 말이다. 이 목소리는 당신이 간절히 원하는 성공을 이룰 자격이 없다고 설득한다. 당신이 하는 모든 일에서 잘못을 지적하고, 남들처럼 행동하라고 요구하기도 한다.

이 목소리가 멘탈력을 기를 때 가장 힘든 적수가 될 수 있다. 내면의 목소리는 업무 능력의 부정적인 면을 곱씹을 뿐아니라, 당신이 부정적인 것만 믿도록 유도한다. 일단 당신의 마음이 부정적인 면만 바라보게 된다면, 내면의 비판자는 당신의 결심을 굳히지 못하도록 방해하는 데 성공할 것이다.

멘탈력을 기르려면 부정적인 내적 대화를 줄여야 한다.

회복 탄력성의 중요성

요즘에는 '회복 탄력성'이란 용어가 많이 활용되지만, 이는 사실 엔지니어링에서 차용한 단어다. 물질이나 물체가 원래 형태로 돌아가는 능력을 의미한다. 물질이 이전 상태로 돌아가려면 힘과 회복 탄력성이 있어야 한다. 당신에게도 이 능력이 필요하다. 회복 탄력성이 좋으면 역경과 트라우마, 특정 사건과 위협, 심지어는 스트레스의 중대한 원인과 맞설 때조차 잘 대응할 수 있게 된다.

어려움과 위기, 변화는 모두 인생의 일부라는 사실을 받아들이자. 통제할 수 없는 부분에 집중하지 말고 바꿀 수 있고 영향을 끼칠 수 있는 것들에만 신경을 쓰자.

나쁜 일 사이에서 배워라

가장 비극적인 일과 트라우마가 오히려 위대한 배움과 개인의 성장으로 이어질 수 있다. 사건 안에 있을 때는 잘 보이지 않겠지만 어려운 상황을 이겨내면 자신감과 자존감이 상승하고 인간관계가 돈독해지며 스스로에 대해 많은 것을 배우게 된다.

고난을 겪은 많은 사람들이 '삶을 더 이해하게 되었고 깊이 감사하게 되었다'고 고백하곤 한다. 다양한 상황마다 어떠한 의미가 있고, 당신을 앞으로 나아가게끔 도울 한 가닥 희망이나 숨겨진 금덩어리가 숨어 있다. 이런 발견과 깨달음은 일어나서 다시 정진하기 위한 에너지를 만들어야 하는 당신에게 반드시 필요하다.

천천히 말하라

오늘부터 좀 더 천천히 말하려고 노력해보자. 말의 템포를 줄여야 하는 이유는 여러 가지가 있다.

우선 천천히 말하면 머릿속에서 문장을 구성할 시간을 확보할 수 있게 된다. 이는 말을 더듬을 가능성이 줄어든다는 뜻이다.

또한 말이 느리면 배려심 있고 생각이 깊은 전문가의 목소리처럼 들린다. 주변 사람들이 당신의 말 한마디를 귀담아듣기 위해 집중할 것이다.

천천히 말하면 상대방은 귀를 쫑긋 세우고 듣게 된다. 이로써 당신의 자신감도 상승할 것이다.

마지막으로 숨을 크게 쉬고 자주 미소를 짓는 것을 잊지 말자!

잠이 가져오는 놀라운 효과

매일 4시간씩만 잤던 것으로 유명한 마거릿 대처는 잠이 귀중한 시간을 낭비한다고 믿었다. 안타깝게도 그는 수면 시간 동안 뇌가 스스로 기억을 복구하고 통합한다는 사실을 미처 몰랐던 것 같다. 지치고, 스트레스받고, 기진맥진한 뇌로는 집중력을 제대로 발휘하기 힘들다. 수면 부족은 피곤함과, 나른함, 우울함, 의사 결정 장애, 창의력 저하, 무모한 행동, 피해망상을 일으킨다.

사람은 하루에 약 8시간 잔다. 인생의 3분의 1을 잠에 투자하는 것이다. 건강하게 수면하면 급속 안구 운동REM 기간을 거치게 된다. 사람은 이때 꿈을 꾸는데, 이로써 창의력이 증진한다. 꿈꾸는 동안 뇌는 기존 기억들 사이에서 새로운 연결과 연관성을 발견하고, 패턴을 찾고, 규칙을 만들 뿐 아니라, 문제를 해결하면서 세상을 이해한다.

업무 효율성을 높이려면 오후에 20분쯤 낮잠을 자는 것도 좋다. 이를 '파워 냅power nap'이라고 한다. 어쩌면 자고 일어난 다음에 "유레카!"를 외치는 순간이 올지도 모른다.

새로운 기술을 배워라

새로운 기술을 습득하면 회복 탄력성을 강화시킬 수 있다. 통제력과 기량을 개발하는 데 도움이 되기 때문이다. 통제력과 기량 향상은 힘든 시기를 겪을 때 유용할 뿐 아니라 자존감과 문제 해결력을 증진시켜준다.

사람마다 배우는 기술은 다를 것이다. 어떤 사람은 일상의 기능을 돕는 '작업 기억working memory'과 '선택적 주의selective attention' 같은 인지적 능력을 향상시키는 게 유용할 것이다. 역량 중심 학습competency-based leaning(특정 분야에서 요구하는 능력을 충족시키는 기술과 지식 위주로 배우는 것, 학습자 중심의 학습)으로 새로운 기술을 배우면 좋은 사람도 있을 것이다.

특정 그룹 안에서 다른 사람들과 함께 새로운 기술을 익히면 더 효과적이다. 사회적 지원이 제공되는 이점이 있고, 회복 탄력성도 함께 개발되기 때문이다. 당신은 어떤 새로운 기술을 배울 수 있을까?

자신감은 자신의 진짜 가치에서 온다

'자신감'이란 스스로 뛰어나다고 믿는 것이다. 당신의 능력이나 특성의 진가를 인정함으로써 오는 자기만족이다. '거만함'이란 당신이 남들보다 낫다고 믿거나 당신의 중요도와 능력을 과장해서 믿는 것이다. 건방진 태도는 종종 불안을 초래한다. 거만한 사람이 남을 비하하면서 자신의 업적이나 능력을 자랑하는 이유는 불안하기 때문이다.

자신감은 자신의 진짜 가치에서 온다. 당신의 업적과 능력을 진심으로 믿고 긍지를 느끼는 것이다. 자신만만함, 자기 확신은 내면을 평온하게끔 돕고, 기꺼이 남의 말을 듣고 배우게끔 하며, 타인을 돕게 만든다.

가야 할 길을 분명히 세운다

목표를 왜 세우는가? 목표는 목적지가 어디인지, 살면서 무엇을 성취하고 싶은지 선택하게끔 행동 계획을 세우는 능력이다. 목표는 장기적인 비전과 단기적인 동기 부여를 제시한다. 목표를 세우면 에너지를 어디에 집중해야 하는지, 무엇을 앞으로 나아가게 할지, 그리고 무엇을 피해야 할지 알게 된다.

목표가 있으면 발전 정도를 판단할 수 있고, 일이 진전될 때 계속해서 나아가게끔 돕는다. 목표를 구체적으로 세울수록 성취할 확률도 높아진다. 목표를 설정하면 수행 능력이 향상될 것이다. 이는 동기 부여를 주고 기술을 습득하는 능력을 높이며, 자신감을 키워주기 때문이다. 또 당신이 올바른 방향으로 가고 있다는 확신을 줄 것이다.

도와주는 많은 이들을 곁에 두라

회복 탄력성을 기르는 가장 좋은 방법은 도움을 요청하는 것이다. 사랑과 관심, 신뢰를 쌓는 관계, 자극을 주는 롤모델, 격려와 확신을 주고받는 관계를 만들어놓는다면 회복 탄력성을 강화하는 데 큰 도움이 될 것이다.

좌절과 어려움을 겪을 수도 있다. 하지만 당신의 강점과 다른 이들의 강점을 활용한다면 마주하는 모든 어려움은 언젠가 극복될 것이다.

모든 결정은 미래의 나를 위한 것이다

목표가 분명하지 않으면 동기 부여나 희망을 품기 어려워진다. 분명한 목표가 없다면 의미 있는 자아를 확립하기 힘들다. 스스로를 '이미 성공한 사람'으로 바라보자. 이는 오늘의 나를 성공한 상태로 여기라는 의미가 아니다. '미래의 자신'에게 계속 조언을 들어야 한다는 말이다.

미래의 당신에게서 조언을 받아라. 현재 상황이 아닌 미래의 당신이 겪는 상황과 성향을 근거로 결정을 내리자. 현재의 당신이 더 많이 생각할수록 더 큰 잠재력을 발휘할 수 있다. 미래의 당신은 현재의 당신보다 훨씬 더 중요하다. 미래에 어떤 사람이 되고 싶은지 결정하라.

임종을 앞둔 사람들은 무엇을 가장 후회할까? 바로 되고 싶은 사람이 되기 위해 용기를 내지 못했다는 점이다. 주변 사람들의 기대에 맞춰 살았다는 것을 가장 크게 후회한다.

끝까지
집중하기

제5장

121 ~ 150

실패에 대한 생각을 조정하자.

실패는 무슨 일이 있어도 피해야 하는 대상이 아니다.

실패의 긍정적인 면을 보고

당신이 얻을 귀중한 통찰과 교훈을 포용하자.

타인의 불행에서 배워라

사자와 여우, 당나귀가 함께 사냥길에 올랐다. 셋은 잔뜩 모은 음식을 어떻게 나눌지 결정하기로 했다. 사자가 당나귀에게 음식을 나눠달라고 했다. 당나귀는 똑같은 양으로 삼등분했다. 그러자 동물의 왕인 자신을 무시했다는 생각에 화가 난 사자가 무시무시한 발을 휘둘러 당나귀를 죽여버렸다. 이번에는 여우에게 음식을 나눠보라고 했다. 여우는 한 치의 망설임도 없이 음식을 높이 쌓은 뒤에 사자에게 건네고, 자신은 일부만 가져갔다. 사자가 물었다. "이렇게 공정하게 나누는 법은 누구한테 배웠냐?" 여우가 대답했다. "당나귀한테 배웠어."

··· 교훈 ···

다른 사람의 불행에서 배워라. 인생에서 실패했다고 해도 괜찮다. 거기에서 무언가를 배웠다면 말이다. 남이 저지른 실수를 관찰하고 배울 만한 주요한 점들을 기록해보자. 같은 상황이었다면 어떻게 행동했을지, 어떤 행동을 하지 말았어야 할지 늘 되짚어보는 습관을 들이는 게 중요하다.

그들이 보는 걸 보라

우리는 모두 남을 판단하며 살아간다. 지금도 사람들은 당신을 자신들만의 관점으로 볼 것이며, 당신의 능력에 선입견이 있을 것이다. 그 이유는 무엇일까? 사람들은 당신이 안전지대 안에서 일한다는 사실을 잘 알기 때문이다.

만약 안전지대에서 벗어난다면, 과거의 능력보다 훨씬 더 많은 것을 할 줄 아는 사람이라는 사실을 모두에게 증명하는 셈이다. 당신의 당당한 모습을 본 사람들은 결과적으로 당신에게 이전보다 훨씬 더 많은 기회를 제공할 것이다.

해법 찾기

한 가지 문제에 대한 해법을 생각해냈다면, 이후 발생하는 어떤 문제라도 더 잘 처리하게 될 것이다.

새로운 문제가 나타났는가? 재빨리 잠재적인 해결 방법들을 목록화해보자. 머릿속에 떠오르는 모든 아이디어를 적어보자. 다양한 방안을 시험해보고, 문제를 해결할 논리적인 방법을 개발하는 데 집중하자.

이렇게 정기적으로 문제 해결 기술을 연습한다면 정말 심각한 문제에 직면했을 때 더 잘 대처할 수 있을 것이다.

실패는 일종의 피드백일 뿐이다

최근에 겪었던 세 가지 실패 경험을 나열해보자. 크든 작든, 중대하든 사소하든 상관없다.

실패했을 때 어떻게 반응했는가? 자기 비난에 빠져 허우적거렸는가? 적절하게 행동하지 못했거나 잘못된 결정을 내렸다고 자책했는가? 연관된 모든 세부 사항을 기록하자.

이번에는 어떻게 처리했다면 좀 더 긍정적이었을지 적어보자. 무엇을 하면 좋았을까?

그 목록을 보면 실패에 반응했던 방법 중 근본적으로 다른 특징들을 알아차리게 될 것이다. 이 연습으로 실패는 수행능력의 최종 판결이 아닌 피드백에 불과하다는 사실을 발견할 것이다.

자기 연민이 끼치는 해악

'자기 연민'이란 어려운 상황을 이 악 물고 버티기보다는 실패를 체념하고 목표를 저버리는 것이다. 이 감정은 많은 에너지를 소비해 지치게 만든다. 또 상황을 뚫고 나갈 방법을 찾기보다는 우호적이지 않은 상황에 안주하게 한다.

이는 행동에 영향을 끼치게 된다. 소매를 걷어붙이고 완강하게 버티는 대신 모든 게 잘못되어가고 있다는 생각에 시선을 고정시킨다. 부정적인 생각에 사로잡혀 역경을 극복하는 데 필요한 행동을 막는다. 이렇게 자기 연민은 정신적 회복 탄력성에 해악을 끼친다.

위험과 파멸은 동의어가 아니다

왜 위험을 감수해야 할까? 귀중한 경험을 선사할 뿐 아니라 특정 보상을 누릴 기회를 주기도 하기 때문이다. 만약 어려운 일을 맡았다면 실패할 가능성에 대비해야 할 수도 있다. 이 사실이 불안함을 주기도 한다. 하지만 실패는 전혀 두려워할 게 아니다. 위험 부담에는 대가가 필요하지만 반드시 파멸을 가져오는 경우는 거의 없다.

실패에 대한 생각을 조정하자. 실패는 무슨 일이 있어도 피해야 하는 대상이 아니다. 실패의 긍정적인 면을 보고 당신이 얻을 귀중한 통찰과 교훈을 포용하자. 실패를 '되는 일'과 '안 되는 일'을 더 많이 배우는 시간으로 삼자.

매일 작은 위험을 감수해보자.

분명한 목표 아래 훈련하라

나는 복싱 링에 두 번 서봤다. 당시의 경험은 나의 멘탈력을 빠르고 강렬하게 강화시켜주었다. 권투를 경험해본 사람들은 공감할 것이다. 모든 시합은 지든 이기든 자신의 인격을 끌어올려준다는 사실을 말이다. 그 어떤 것도 운에 맡기지 않고 훈련하는 동안 100퍼센트 최선을 다한다.

대회를 앞두면 집중 훈련을 하게 되는데, 이렇게 목적이 분명한 훈련은 계획적이고 체계적으로 이루어진다. 기존의 연습이 큰 생각이 필요 없는 반복 훈련이라면, 이때의 훈련은 신중하고 집중력을 요구하며 실력을 반드시 늘린다는 특정 목표로 진행된다.

이때 당신은 마주하는 모든 어려움마다 올바른 마음가짐으로 대처하게 된다.

회복도 훈련의 한 부분이다

휴대전화 베터리가 꺼질 때까지 놔둔 적이 있는가? 보통은 그때까지 놔두지 않을 것이다. 휴대전화를 완충하고 충전기 없이는 절대 집 밖으로 나가지 않을 것이다.

휴대전화 배터리를 늘 간당간당한 상태로 두는 이는 거의 없다. 그런데 우리는 자신의 배터리는 늘 간당간당하게 놔둔다. 자신을 돌보는 행위는 사치가 아니다. 최우선으로 해야 할 일이다. 휴식은 정신 건강에 도움을 주고 창의력을 높여준다. 생산성을 강화시키며 행복감을 높이고 스트레스를 줄이며 기분을 고양시키고 인간관계를 강화시킨다. 그러니 쉬지 않을 이유가 뭐가 있겠는가? 적절한 휴식은 몸과 마음을 회복시킨다.

올림픽에 출전하는 선수들조차 온종일 훈련하지 않는다. 수시로 쉬면서 에너지를 충전시켜야 시합할 때 최상의 컨디션을 유지할 수 있다. 당신에게도 그러한 쉼이 필요하다.

두려움은 두루뭉술하고 불분명하다

두려움은 멘탈력 개발에 큰 방해 요소다. 하지만 두려움도 단지 마음속에 있을 뿐이다. 손에 쥘 수 있는 물체가 아니라, 그저 생각일 뿐이다.

당신에게는 어떤 것에든 적응하고 대처할 능력이 있다. 그러니 모든 경험을 바탕으로 두려움을 활용하자. 스스로에 대해 더 많이 배우고 자신이 진정으로 원하는 바를 분명히 알아차리는 도구로 삼자.

멘탈력이 강해질수록 두려움은 힘을 쓸 수 없게 된다.

한 번에 하나씩 해낸다

위험한 상황에 닥치면 으레 겁먹게 된다. 어떤 상황은 도저히 넘을 수 없는 산처럼 보이기도 한다. 회복 탄력성이 좋다는 것은 이를 현실적으로 보고 문제를 해결하기 위해 합리적으로 목표를 설정한다는 의미다.

상황에 압도되는 기분이 든다면 한 발짝 뒤로 물러나라. 렌즈를 축소해서 그림을 더 크게 봐야 앞에 있는 상황을 정확히 평가할 수 있다. 그다음 가능한 모든 해결책과 시나리오, 가능성을 적어보자. 다음으로 이를 실현 가능한 단계로 세분화해보자. 한 번에 한 단계씩 나아가면 회복 탄력성이 높아지고 용기가 생길 것이다.

유혹의 요소를 사전에 차단하라

자제력을 기르는 데 왕도는 없다. 어떤 습관이든 시간과 노력이 필요한 것처럼, 자제력도 마찬가지다.

어쩌면 실패와 좌절을 겪기도 할 것이다. 이 점을 명심해야 한다. 당신은 로봇이 아니니, 때때로 걸려 넘어질 수 있다.

유혹에 빠질 만한 요소를 미리 없애버리면 좋다. 만약 과자가 자꾸 먹고 싶다면 집에 있는 과자를 모조리 처분하는 것이다. 손만 뻗으면 닿을 거리에 있다면 아무래도 마음이 움직이게 된다. 접근할 방법이 적다면 유혹을 이겨내는 데 도움이 될 것이다.

완벽주의자는 완벽할 수 없어 실패한다

대부분은 완벽해지고 싶어 한다. 동시에 완벽해지기가 불가능하다는 사실을 기꺼이 인정한다. 그런데 어떤 사람들은 이를 받아들이기 힘들어한다. 완벽주의의 문제점은 멘탈을 괴롭힌다는 것이다. 업무 성과가 완벽하지 않을 수도 있다는 생각이 나태를 유발하고 회복 탄력성을 침식시킨다. 완벽주의자라면 이를 절대 용납하기 어려울 것이다.

완벽주의는 자기 파괴를 낳고, 이는 곧 회의감으로 이어진다. 그러니 완벽주의를 버려야 한다. 당신을 있는 그대로 완벽하게 만드는 것은 바로 당신의 불완전함이다.

목표를 이루기 위해 해야 할 일에 집중하라. 끈질긴 사람들은 절대 한눈을 팔지 않고 성공만 본다. 좌절과 장애물, 실패가 반복된다 해도 말이다. 그들은 실수를 두려워하지 않는다. 실수에서 배우며, 어떤 일이 생기더라도 낙담하지 않고 정진한다. 절반쯤 가다가 그만두는 것은 선택지에 없다. 그만두는 사람은 승자가 될 수 없다.

미국 대통령이 되기 전까지 여덟 번의 선거에서 실패한 에이브러햄 링컨은 역경과 고난 앞에서도 결단력과 끈기를 놓지 않았다. 그만두기를 거부하고, 심신을 잘 단련시켰다. 그 덕에 그의 정신과 육체는 완벽한 조화를 이뤘다.

누구에게나 당신에게 도움을 줄 수 있다

사자가 잠을 깨운 쥐에게 화가 나 쥐를 삼켜버리려 했다. 쥐는 언젠가 자신이 쓸모가 있을 테니 기회를 달라며 사정했다. 그 말에 사자는 웃음을 터트리며 쥐를 놔주었다.

얼마 뒤, 사자는 운이 없게도 사냥꾼이 놓은 덫에 걸리고 말았다. 그 모습을 발견한 쥐가 다가가 밧줄을 씹어 덫을 풀어내 사자를 구해주었다. 그러고는 빙긋 웃으며 말했다. "제 말이 맞았죠?"

··· 교훈 ···

누구나 훌륭한 친구가 될 수 있다. 누가 당신에게 도움을 줄지 알 수 없다. 모두와 원활한 관계를 유지하고 누구에게나 친절하게 대하는 게 최선이다. 당신의 친절이 어디로 닿게 될지는 누구도 알 수 없다.

고난은 새로운 기회다

멘탈력은 상황을 어떻게 생각하느냐에 따라 개발된다. 만약 역경과 불행을 고난으로 받아들이고 스스로를 힘없는 피해자로 본다면 낙담하고 포기할 가망성은 커질 것이다. 반면에 힘든 시기를 무언가를 배울 기회로 인식한다면 그 안에 긍정적인 것들이 보일 것이다.

힘든 상황에 대한 생각을 재구성하라.

삶의 목적을 분명히 하라

일본어 이키가이いきがい(삶의 원동력, 사는 보람)는 '존재의 이유'로 해석된다. 삶의 진정한 목적, 그것을 가치 있게 하는 모든 것을 의미한다. 이는 매일 아침 당신이 침대에서 일어나는 이유이기도 하다. 자신의 목적을 분명히 알면 인생을 온전하게 사는 데 도움이 된다.

인생의 목적을 알면 자신이 누구인지, 무엇인지, 왜 존재하는지 완벽하게 이해하게 된다. 자신을 알 때, 핵심 가치에 맞는 진실한 인생을 살기가 수월해진다.

당신의 목적은 무엇인가?

실수를 반추하라

집중력이 부족하면 실수를 반추하지 못하고 실수에서 교훈을 발견하지 못한다. 미래를 시각화하고 계획을 세우기 힘들어한다.

자신만의 사고 프로세스를 인지한다면 반추reflect는 배움의 가장 큰 원천이 될 것이다. 하루를 어떻게 구성할지 학습하라. 시간을 들여 생각하고, 반추하고, 계획을 세우자. 이 습관을 들인다면 효율성을 재검토할 수 있게 된다. 뒤로 물러나 일을 더 잘할 방법, 더 신중하게, 안전하고 효과적으로 일할 방법을 생각해보자.

수행 능력을 키우려면 지속적이고 완벽한 집중이 필요하다. 성공한 사람들조차 집중력과 반추, 결단, 노력이 없었다면 그처럼 많은 것들을 이룰 수 없었다.

행복으로 가는 길은 하나다

"행복으로 가는 길을 단 하나다. 그건 바로 당신의 의지력을 넘어서는 일에 대한 걱정을 멈추는 것이다."

– 에픽테토스

시각화를 하라

'시각화'란 각계각층의 뛰어난 실력자들도 목표를 실현하기 위해 많이 활용하는 자연스러운 기술로, 원하는 바를 마음속에 이미지화하는 과정이다.

일반적으로 시각화는 산만해지거나 집중력과 자신감을 잃었을 때 대비하는 데 도움이 된다. 마음속으로 이미지와 영상을 떠올리면, 잠재의식은 이 일이 실제 일어났을 때를 대비한다. 시각화 능력은 매우 귀중한 도구다. 수행 능력을 높이려면 이를 향상시켜야 한다.

꼭 실천해보기 바란다.

당신은 무엇이 두려운가?

두려움은 행동을 막는 주요 요인이다. 실패는 직감적으로 가장 두려워하는 대상이다. 어쩌면 당신은 나쁜 결과를 받을까 전전긍긍하고 긴장할지도 모른다. 어쩌면 한심한 행동으로 남들의 비웃음이나 사지 않을지 걱정할 수도 있다. 이런 요소들이 당신이 안전지대 밖으로 나서기를 두렵게 한다.

자주 실패하고 다시 일어서는 경험의 좋은 점은 부정적인 결과에 서서히 둔감해진다는 사실이다. 막상 부정적인 결과를 받아도 생각보다 치명적이지 않다는 사실도 깨닫는다. 당신의 두려움이 과장이었음을 알아챌 것이다.

실패에 익숙해져라.
실패에서 배운 것을 발판으로 삼아 발전하자.

당신은 무엇이 두려운가?

자신의 행동에 책임을 진다

당신의 행동은 당신이 책임을 져야 한다. 모두 함께 저지른 잘못이라고 해도 스스로 맡은 부분에 대한 책임을 지고 남을 탓하지 말라. 당신이 했던 행동과 실패한 원인을 설명하고 온전히 책임을 지라. 다른 사람이 어떻게 했든지, 그들의 역할이 무엇이었는지는 아무 상관이 없다. 당신이 내린 선택에 대한 책임은 당신에게 있다.

만약 책임을 남 탓으로 돌린다면 인생에 중요한 변화를 만들어 성공할 가능성이 줄어들 것이다. 그러니 인정하고 책임을 져라.

당신 자신보다 다른 사람의 이익에 공헌한다면 멘탈력 개발에 큰 도움이 될 것이다.

한 연구 결과에 따르면 목표 의식이 명확하고 인생에 감사하는 마음을 품는 사람들은 그 반대보다 세계에 더 공헌하는 경향이 있다고 한다. 다른 사람들이 당신의 삶에 어떤 이익을 주는지를 깨닫는다면 받은 것들을 남들에게 더 돌려주고 싶어질 것이다.

자원봉사나 기부 등 이타적인 행동으로 목적의식을 높이고 세상을 변화시킨다는 뿌듯함을 만끽해보자.

힘든 일들을 모두 기회로 만든다면 어떻게 될까? 어떻게 하면 실패가 삶에 유리하게 작용할지 시각화해보자.

개인적이든 직업적이든, 어떤 상황에 처해 있든지 간에 시간을 들여 모든 것들을 뒤집어 생각해보라. 여러 가지 옵션과 현실 가능성을 마인드맵으로 그려보자.

어려운 시기의 깊은 곳 어딘가에 금덩이가 놓여 있을지도 모른다. 누가 알겠나. 그 금은 당신에게 발견되기를 기다리고 있다.

스스로에게 친절하라

모든 의구심은 스스로에 대한 견해와 지금껏 겪어온 경험들과 깊은 연관이 있을 것이다. 성인으로서 당신이 한 일의 약 90퍼센트는 어렸을 때 배웠던 잠재의식의 패턴에 지배를 받아왔다.

'자기 제한적 신념'은 잠재력을 발휘하는 데 가장 부정적인 영향을 끼칠 수 있는 생각이다. 자신의 능력에 한계를 두는 이 생각을 조금이라도 품고 있다면 이제는 더 긍정적인 신념으로 바꿀 때다. 오늘은 혼잣말, 즉 내적 대화를 점검해보자. 당신은 스스로에게 야박한 편인가, 친절한 편인가? 스스로에게 하는 말을 친구들에게도 똑같이 할 수 있는가?

조금이라도 불친절한 내적 대화를 반복하고 있다면, 이를 가장 친한 친구에게 할 법한 다정하고 세심한 말로 바꿔보자.

한 번에 하나씩 한다 (파트 1)

멀티태스킹을 마치 자랑스러운 능력인 것마냥 말할 때가 많다. 하지만 이 능력은 건강한 행동이 아니고, 생산적이지도 않다. 멀티태스킹은 업무 효율성과 수행 능력을 떨어뜨린다. 당신은 한 번에 한 가지에만 집중할 수 있기 때문이다.

뇌에게는 두 가지 이상의 일을 한 번에 할 능력이 없다. 두 가지를 모두 성공적으로 수행했다고 생각하겠지만, 실제로는 두 개의 업무를 빠르게 왔다 갔다 한 셈이다. 이는 덜 효율적일뿐더러 실수를 저지를 확률을 높인다.

한 번에 하나만 하라. 그리고 온 정신을 집중해서 그 업무를 잘해내라.

한 번에 하나씩 한다 (파트 2)

빠르게 일을 처리하는 능력으로 보는 일반적인 통념과 달리 멀티태스킹은 오히려 작업 속도를 늦춘다. 집중력을 분산시키는 셈이니 산만해지고 실수할 가능성이 커진다. 엄밀히 따진다면, 멀티태스킹을 할 수는 있다. 라디오를 들으면서 동시에 다림질을 할 수 있다. 하지만 정신은 한 개의 업무 또는 한 가지의 생각에만 온전히 집중할 수 있다. 두 개를 동시에 수행한다면 중요한 정보를 놓치고, 나중에 기억할 가능성도 줄어든다. 이는 문제 해결력과 의사 결정 능력, 창의력에 악영향을 끼친다.

한 번에 한 가지만 해내라. 거기에만 정신을 집중하라.

떠다니는 생각들을 관찰하라

명상 기법 중에 하나인 '생각 관찰하기'를 시도해보자. 자기 생각의 목격자가 되는 이 수행법은, 행동에 영향을 끼치는 감정과 판단으로부터 당신을 떼어놓는 것이다. 이 기법은 몸이 많은 생각 때문에 지나치게 감정적으로 변하는 것을 막는다. 조용히 마음속을 들여다보고, 내 안의 잡담을 줄여 감정을 차분하게 이끌어보자.

방법은 간단하다. 조용한 곳에 앉아 숨을 깊이 몇 번 쉬어보자. 그런 다음 초점을 생각의 흐름에 맞춰보라. 모든 생각이 하늘의 구름처럼 이리저리 떠다닌다는 사실을 인식하라. 생각이 방문객처럼 방을 들고 나는 것을 관찰하라.

남들의 승인은 필요 없다

남들의 승인을 받아야 된다면 자신감에 흠집이 날 것이다. 이는 당신의 동기와 능력을 믿지 못하게끔 마음을 훈련시키는 셈이기 때문이다. 남들의 허락을 받기 전까지는 행동하지 않는 습관이 들지도 모른다. 시간이 흐를수록 조심성이 높아지고 자신의 수행 능력에 대한 불안감이 커진다.

당신에게는 당신만의 독특한 가치가 있다. 스스로에 대한 신뢰도가 일반적인 수준이라면 당신의 지식과 기술, 재능, 적응력은 외부의 검증이 필요하지 않다. 불확실성과 마주했을 때 스스로를 믿어야 한다. 자기 확신이 분명하고 자기주장이 강한 사람이 되자.

겉치레에서 벗어나 자신으로 살라

자신의 존재 이유를 이해한다면 인생이 고결해진다. 인생에서 당신의 목표가 무엇인지 알아챈다면 자신이 누구인지, 무엇을 위해 존재하는지 이해하게 된다. 당신의 핵심 가치에 맞게 진실하게 살게 되기에 삶의 만족감은 더 커진다.

겉치레에 신경 쓰거나, 관심도 없는데 남들 앞에서는 열정을 보일 필요가 없어진다. 대신에 모든 일을 향한 당신의 열정은 진실할 테고, 자기 본연의 모습으로 살아갈 것이다.

당신의 핵심 가치를 생각해보자. 인생에서 무엇이 정말로 당신을 흥분하게 하는가?

역경 없이는 성장도 없다

지금까지 역경을 겪으면서 강하게 성장할 수 있었던 모든 방식을 생각해보자. 어려움과 역경을 겪은 사람이라면 누구나 예외 없이 강해진다. 역경 없이는 성장도 없다.

물론 역경의 정도나 환경 등 많은 요소에 따라 달라질 것이다. 하지만 스트레스에 대처하는 법을 배우고 직접 상황들을 겪으면서 자신감을 얻고 다음 상황을 준비할 수 있게 된다. 당신은 스스로 얼마나 강한지 알게 되는 대신에, 어떻게 무너졌는지 깨달을 것이다.

회복 탄력성에 초점을 맞추고, 스스로 인생의 굴곡에 훨씬 더 잘 준비된 사람이라고 여겨라. 당신은 이미 그렇게 살아왔다.

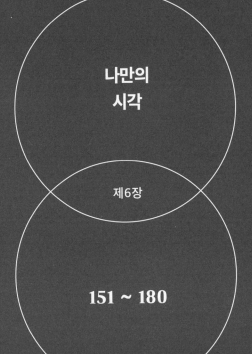

나만의
시각

제6장

151 ~ 180

무엇이 두려운가?
그것이 무엇이든 서서히 자신을 노출시킨다면
극복할 수 있을 것이다.

빠르든 느리든 결승점은 다다른다

토끼가 달리기 실력을 자랑하며, 누구든 이길 자신이 있다고 호언장담했다. 그때 거북이 한 마리가 그에게 도전했다. 처음에 토끼는 그 말을 농담으로 받아들였지만 거북이는 진심이었다. 그래서 둘은 시합을 시작했다.

시작하자마자 토끼는 최대 속도를 내 저만치 앞서 나갔다. 거북이와의 거리 차이가 너무 크게 나자 토끼는 안심하며 낮잠을 청하기로 했다. 반면에 거북이는 느리지만 계속해서 나아갔다. 문득 잠에서 깬 토끼는 거북이가 거의 결승선 라인에 다다랐음을 발견했다. 결국 토끼는 시합에서 지고 말았다.

··· 교훈 ···

인생은 장기전이다. 천천히, 꾸준히 하면 이긴다. 살다 보면 종종 다른 사람들이 당신보다 훨씬 앞서나가는 것처럼 보이기도 한다. 하지만 누구나 나름의 장애물이 있고, 삶은 끝까지 가보기 전까지는 알 수 없다. 그러니 계속 나아가는 것이 중요하다. 어떻게든 결승점은 다다른다.

전문 지식과 능력을 계속 길러나가라

왜 새로운 전문 지식과 능력을 왜 계속 습득해야 할까? 회복 탄력성을 기르는 데 중요하기 때문이다. 전문 지식은 어려운 시기에 활용할 수 있을 뿐 아니라 자존감을 높여주고 문제 해결 능력을 키워준다.

또한 기억력을 향상시키고 선택적으로 필요한 곳에 주의를 집중시키며 인지 능력 향상을 가져오는 등 여러 가지 이점이 있다. 꼭 새로운 지식과 능력을 키울 필요는 없다. 그저 새로운 취미나 다양한 활동을 하는 것도 도움이 된다. 어떤 방법이든 당신에게 가장 유용하다고 느끼는 활동들이 회복 탄력성과 멘탈력을 높여줄 것이다.

오늘은 어떤 새로운 기술을 배워야 동기와 에너지를 늘릴 수 있을지 생각해보자.

당신은 얼마나 자주 두려워지고 불안을 느끼는가? 인지 행동 치료에서 두려움을 이겨내기 위해 주로 활용하는 기법으로 '통제된 노출'이 있다. 이는 불안해하는 상황에 서서히 자신을 노출시키는 것을 의미한다. 이를 활용하면 두려움을 극복하는 데 도움이 될 것이다.

통제된 노출은 회복 탄력성을 길러주고, 새로운 기술을 습득할 때 도움이 많이 된다. 예를 들어, 많은 사람들이 대중 앞에 서서 연설하기를 두려워한다. 나도 마찬가지였다. 남들 앞에 서는 것을 두려워했다. 하지만 통제된 노출 기법을 활용하면서 차츰 그 두려움을 극복했다. 처음에는 두세 명 앞에서 연설을 시도해보다가 점차 규모를 키워갔다. 이제는 수백 명, 수천 명의 대중 앞에서도 떨지 않고 원하는 말들을 건넬 수 있게 되었다.

무엇이 두려운가? 그것이 무엇이든 서서히 자신을 노출시킨다면 극복할 수 있을 것이다.

실패가 쌓여 성공이 된다

토머스 에디슨은 실패에 대해 잘 파악하고 있던 사람이다. 1878년, 그는 수천 번의 실패 끝에 전구를 개발했다. 이 경험에 대해 에디슨은 다음과 같이 언급했다. "저는 실패한 게 아닙니다. 작동이 안 되는 만 가지 방법을 찾아냈을 뿐이죠."

그는 끈기가 실패에 맞서는 무기이며, 최종 목표인 성공에 다다르는 유일한 방법이라는 사실을 알고 있었다. 포기하기를 거부하는 태도가 지능이나 재능, 기술보다 더 중요하다. 성공에서 멘탈력보다 더 큰 역할을 하는 건 아무것도 없다.

새로운 시도의 중요성

안전지대 안에서만 지낸다면 관습에 따라 행동하게 될 것이다. 그곳에서는 반사적으로, 잠재의식에 따라, 제한된 집중력만 필요로 한다. 하지만 안전지대 밖으로 나오면 이런 관습적인 대응에 더는 의지하지 못한다. 전혀 해보지 않았던 방법으로, 새로운 시도에 집중해야 한다.

새로운 방법, 새로운 접근법을 활용해 더 많은 일을 하게 된다면 멘탈력도 자연스럽게 개발될 것이다.

주변을 가만히 들여다보라

나이가 들수록 주변에서 일어나고 있는 일들의 진위를 파악하기 어려워진다. 무엇을 보든지 재빨리 '익숙함'이라는 파일명을 단 뒤에 서둘러 분류한다. 오늘부터는 천천히, 지나가는 사람들의 얼굴을 관찰해보자. 빌딩을 올려다보고, 당신을 둘러싼 아주 작은 것들을 가만히 들여다보자. 눈에 보이는 아름다운 것들을 음미해보자. 공기 냄새를 맡아보고, 식물을 가만히 만져보자.

이는 당신 안의 중요한 것들을 움직이게 하는, 간단하지만 아름다운 훈련법이다.

꿈을 좇다보면 현실이 된다

집요함이란 끈기와 결단력, 인내, 근성이 혼합된 결과물이다. 이는 멘탈력의 특징 중에 하나로, 인생이 얼마나 성공적이고 행복할지를 결정한다.

성공한 인물을 떠올려보라. 삶의 모든 방면에서 정상의 자리에 오른 사람들은 가장 재능이 뛰어난 이가 아니라, 하늘이 무너져도 결코 꿈을 포기하지 않았던 이들이라는 사실을 깨닫게 될 것이다.

당신은 누구를 동경하는가? 그의 어떤 특징을 닮고 싶은가? 목표를 설정하고 그 목표에 도달하기 위해 힘껏 헌신하라. 하지만 가장 중요한 점은 절대로, 결코 포기하지 마라.

성공한 인물 중 누구를 동경하는가? 그들에게서 어떤 특징을 가져오고 싶은가? 목표를 정하라. 온전히 헌신하라. 하지만 가장 중요한 건 절대로, 결단코 포기하지 않아야 한다는 것이다.

엔도르핀을 발산하라

엔도르핀은 기분을 조절하고 대처 능력을 향상시키는 천연 화학물질이다. 엔도르핀 생성을 촉진할 수 있다면, 더 잘 집중하고 감정적으로 안정되며 행복하고 차분해질 것이다.

최고의 방법은 운동이다. 지금 당장 시도해볼 만한 방법들로는 타인에게 베풀고, 힘껏 웃고, 좋아하는 음악을 듣고, 낭만적인 저녁을 보내는 것이다.

어떤 방법이 가장 끌리는가?

의식은 현실과 상상을 구분하지 못한다

잠재의식은 당신이 하는 말이라면 어떤 것이든 의심 없이 전부 믿도록 설계되어 있다. 잠재의식은 모든 것이 정확하고 가치 있는 정보라고 믿는다. 부정적인 것과 긍정적인 것을 동일하게 입력해 정리한다. 즉 의식은 현실과 상상을 구분할 줄 모른다.

우리가 늘 직감을 즉각 알아차리는 것은 아니다. 직감은 종종 무의식과 의식 사이의 복잡한 상호작용을 바탕으로 하기 때문이다. 때로는 통찰력이 발전하기 전에 설득력은 높지만 모호한 생각을 감지하고 모든 인식에 작용할 수 있다.

일관적인 태도로 의식하려면 멘탈 훈련이 필요하다. 멘탈력을 훈련하면 수행 능력이 향상되고 목표를 이룰 가능성이 높아진다.

변화를 삶의 일부로 받아들이자

삶에서 끊임없이 바뀌는 것은 '변화' 그 자체밖에 없다. 사람들은 대부분 반복과 예상 가능한 일을 선호하고 변화를 꺼린다. 만약 그 변화를 단순히 삶의 일부라고 받아들인다면 어떻게 될까?

상황이 변하거나 어려워지면 기존에 세워놓았던 목표가 더는 현실적이지 않거나 실현 불가능해질 수도 있다. 당신이 바꾸지 못한다는 사실을 받아들인다면 오히려 통제 가능하거나 영향을 끼칠 수 있는 일들에만 집중하게 된다.

미래를 보고 장기적인 계획을 세우면 다양한 일을 더 잘 처리할 수 있고, 앞으로 나아가기 위해 일어나야만 했던 일이라고 의연하게 받아들일 줄 알게 될 것이다.

더 나은 내일을 만나기 위해 오늘 당신은 무엇을 할 수 있을까?

감정에 이름을 붙여준다

스스로 어떤 감정을 느끼는지 도무지 알 수 없을 때가 있다. 초조하거나 슬프다면 이를 곧바로 인식하기 힘들 수 있다. 감정을 정확하게 이해하면 그 무거움이 조금은 덜어진다. 그러니 하루에도 몇 번씩 자신을 점검하고 기분을 파악하자. 하루 세 번, 아침·오후·저녁마다 알람을 설정해놓아라.

알람이 울릴 때마다 감정에 이름을 붙여주자. 여러 가지 감정이 혼합되었음에도 이름을 붙일 수 있다면 한층 단단해진 기분을 느낄 것이다.

이름을 붙였다면, 휴대전화 메모장이나 종이에 그 이름들을 적어두자. 그 이름의 목록을 활용한다면 스스로 무엇을 느끼고 있는지 알아내는 데 도움이 될 것이다. 감정과 늘 연결되어 있는 것이 중요하다. 그렇지 않으면 감정이 당신의 결정에 어떤 영향을 주는지 알기 어렵다. 화가 나거나 수치스러울 때마다 굳이 하지 않아도 될 커다란 위험을 감수해야 할지도 모른다.

다양한 형태의 동기 부여

동기 부여에는 네 가지 형태가 있다. 이것들은 당신이 더 높은 수준의 업무 능력을 보이고, 목표에 집중하게 만들며, 힘든 시기를 잘 지나가는 데 도움을 줄 것이다. 네 가지 형태는 다음과 같다.

· 외재적 동기: 상이나 보상 등 외부에서 오는 동기.
· 내재적 동기: 스스로에게서 오는 동기. 행동과 가치가 잘 맞았을 때 일어난다. 상관의 칭찬 등.
· 내적 투사 동기: 죄책감을 피하고 자존감을 유지하려고 할 때 내재화된 동기. 부정적인 형태다.
· 확인된 동기: 반드시 해야 한다고 느끼지만, 행동으로 옮기지는 않았을 때 일어나는 동기.

동기의 종류를 이해한다면 당신의 목표를 이루는 데 도움이 될 것이다.

당신은 오늘 어떤 동기가 생겼나?

변화를 수치로 확인한다

멘탈력을 발전시키고자 할 때, 당신의 변화가 실제로 차이를 발생시키는지 알아야 한다. 당신의 상황 대처 능력을 파악하기 위해 과학기술과 각종 기계의 도움이 필요하기도 하다. 예를 들면, 혈압 감시 모니터로 혈압을 추적할 수 있다.

기계들로 문제를 파악했다면 그에 준하는 적절한 방안을 찾아볼 수 있다. 예컨대 혈압이 높다는 사실을 확인했다면 심장 마비나 뇌졸중을 조심해야 한다. 이에 따라 몸을 자주 움직이고, 건강을 위해 균형 잡힌 식단을 섭취하고, 술과 소금 섭취를 줄이면 혈압을 조절할 수 있을 것이다.

마음 챙김 훈련

누구나 뜻하지 않게 실수를 저지른다. 그럴 때면 당시의 기억이 뇌리를 떠나지 않고 머릿속을 계속 맴돈다. 어쩌면 사태가 진정되고 오랜 시간이 지나서도 그 기억에서 벗어나지 못할지도 모른다. 그때 다르게 대처했으면 어땠을지 곱씹고, 자신의 부족한 점을 하나하나 분석하면서 말이다.

이런 생각의 패턴은 비생산적일 뿐 아니라 정신 건강에도 좋지 않다. 과도한 자기비판은 우울과 불안을 초래하기 때문이다. 그러니 지금 이 순간에만 집중할 수 있도록 마음 챙김 mindfulness을 훈련해보자. 당신이 어디에 있는지, 그리고 지금 무엇을 하는지, 현재 순간을 그대로 자각해보자.

이는 고통스러운 기억을 떠올리는 것과 반대되는 개념이다. 자꾸만 과거를 곱씹으며 후회를 거듭할 때마다 현재 상황에 집중하려고 노력하자.

틈 생각하기

당신에게 다른 사람을 가르칠 기회가 주어졌다고 생각해
보자. 다른 사람의 삶에 어떻게 도움을 줄 수 있을까? 당신은
어떤 지식의 틈바구니를 채울 수 있을까?

이 질문은 세상에서 바꾸고 싶은 게 무엇인지, 다음 세대
에게 어떤 지식을 전달하고 싶은지 고민해보는 시간이 되어
준다. 또한 당신이 자신 있게 남을 가르칠 수 있다고 믿는 것
들을 돌아보게끔 한다.

오늘을 살아라

사람은 한 번에 한 가지 생각만 할 수 있다. 당신도 마찬가지다. 물론 당신은 여러 가지 생각을 동시에 할 수 있다고 믿을 것이다. 머릿속에 생각이 속사포처럼 쏟아지기 때문이다. 하지만 현실적으로는 단 하나의 생각만 할 수 있다. 하나의 생각이 밖으로 빠져나가야만 다른 생각을 할 여유가 생기기 때문이다.

사고는 셋 중에 하나에서 생겨난다. 바로 과거와 현재, 아니면 미래다. 몸은 늘 현재에 살고 있다. 몸이 과거나 미래로 가 있는 건 불가능하다. 마음과 몸은 같은 곳에 있을 때, 같은 것에 집중할 때 최상의 결과를 얻을 수 있다. 최고의 성취도는 마음과 몸이 현재에 있을 때 얻을 수 있는 것이다.

건강을 위해 운동에 시간을 할애하라

··· 경고 ···

건강을 위해 시간을 내지 않는다면, 병을 위해 시간을 내야만 할 것이다.

위 문장을 다시 한 번 읽길 바란다.

아마도 당신은 매일같이 바쁠 테고, 여러 방향으로 끌려다니느라 건강한 라이프스타일을 유지하기가 쉽지 않다고 느낄 것이다. 하지만 스스로를 위해 적당한 운동과 휴식 시간을 챙긴다면, 육체적으로나 정신적으로 건강해질 것이다. 운동을 매일 꾸준히 하려면 적당한 수준을 정해놓아야 한다. 시간이 없다지만 생각보다 훨씬 더 많은 시간을 할애할 수 있을 것이다.

운동의 효과는 생각보다 빨리 나타날 테고, 당신은 운동의 이점을 깨달을 것이다. 그때 새로운 운동과 체계를 잡기 위해 시간을 늘리면 된다.

경쟁의 압박을 이겨내는 능력

아마추어와 프로 운동선수의 차이는 무엇일까? 어쩌면 둘은 기술과 능력이 엇비슷할지도 모른다. 아마추어와 프로 운동선수를 가르는 기준은, 경쟁의 압박을 이겨내는지 여부에 달려 있다. 종종 아마추어들은 경쟁의 압박감 앞에서 무너져 프로로 전향하지 못하곤 한다. 스트레스를 이겨내지 못하는 것이다.

스트레스와 압박감을 대처하거나 관리하는 능력은 멘탈력이 결정한다. 그러니 결과적으로 상황에 어떻게 정신적으로 대응하는가가 성공을 결정짓는 셈이다. 만약 주변에서 무슨 일이 일어나든 스트레스를 잘 관리할 능력이 있다면, 더 편안하고 성공적인 삶을 즐길 수 있게 된다.

숨어 있는 차이를 보이게 하라! 오늘 어려움이나 좌절에 부딪혔다면 그 상황에 대한 정신적 대응을 적어보자. 지금 어떤 마음인가? 마음속에 무슨 일이 일어났는가? 더 나은 결과를 위해 정신적 반응을 어떻게 조정할 수 있을까?

자신을 사랑하는 마음으로 거울을 본다

당신의 이마에는 '나를 좋아해줘'라는 스티커가 붙어 있다. 이를 떼어내어 원래 있어야 할 자리인 거울에 붙일 시간이다. '내가 나를 사랑하지 않는다면 아무도 나를 사랑할 수 없다'는 격언을 아는가? 이 말은 진실을 담고 있다.

자기애는 자신의 신체적·심리적·정신적 성장을 지지하는 행동으로 자신의 진가를 이해하는 상태이기 때문이다. 자기애는 건강과 행복을 추구하는 태도를 의미한다. 자기의 필요를 충족시키려 노력하고, 타인을 위해 지나치게 희생하지 않으려는 태도다.

이제는 거울을 오랫동안 자세히 들여다보며 자신의 훌륭한 점들을 인식해보자. 당신의 최고의 특징들을 목록화해보자. 그러면 몸을 존중하게 되고 더 잘 먹고 열심히 움직일 것이다. 정신 건강이 육체적 건강만큼이나 중요하다는 사실을 깨닫게 될 것이다.

모든 일에는 끝이 있다

스트레스를 더 잘 관리하기 위해 도움이 될 만한 기술로는, 그 일이 곧 끝나리라는 사실을 믿는 것이다. 예를 들어, '시간이 약이다'라거나, '이 또한 지나가리라'는 말을 곱씹는 것이다.

현재 무엇 때문에 괴로워하고 있든지 상관없이, 이것이 지나가고 더는 나쁘게 느껴지지 않을 미래를 생각한다면 이 시기가 더 편안해질 것이다. 그 상황 안에 있을 때 느끼던 부정적인 감정과 고통의 강도를 줄일 수 있다.

그러니 스트레스를 받는 상황이라면 '미래의 어느 시점에 지금을 되돌아본다는 어떤 기분이 들까?'라고 스스로에게 질문해보자. 오늘 당장 최근에 스트레스받았던 일을 떠올려보자. 아주 구체적인 사건일수록 좋다. 그리고 그 순간이 5년 뒤에는 얼마나 중요할지 상상해보자.

이 미래를 상상하는 연습을 주기적으로 한다면 스트레스를 줄일 수 있을 것이다.

멈추지 않고 시도한다

포기하지 마라. 얼마나 성공에 가까워졌는지는 누구도 알 수 없다. 계속 시도하고, 밀어붙이고, 매일 열심히 일하라. 그러면 성공할 가능성이 높아질 것이다.

다시 한 번 말한다. 포기하지 마라. 만약 포기한다면 성공할 가능성은 사라질 것이다.

자신을 돌보는 시간을 확보하라

스트레스가 심하면 필요한 것들을 너무 쉽게 놓아버리게 된다. 식욕을 잃고, 운동을 멈추고, 잠을 충분히 자지 않는 것은 모두 위기 상황에 닥쳤을 때 보이는 흔한 반응들이다. 골치 아픈 일이 생겼다고 해도 자신을 돌보기를 멈추지 마라. 좋아하는 활동을 즐길 시간을 의도적으로 확보하라.

스스로 즐거워하는 활동을 지속하면 전반적으로 건강해지고 회복 탄력성이 증진되며 인생의 어려움을 마주할 준비에 만전을 기할 수 있다.

술이나 담배, 카페인 등에 기대는 것은 좋지 않다. 이런 방법들은 오히려 스트레스를 키우기만 한다. 카페인과 니코틴은 일종의 각성제다. 너무 많이 섭취하면 몸에 불안을 높인다. 알코올은 저하제다.

휴일에 쉬어야만 한다. 회사에 근무할 때도 긴장을 풀고 재충전하기 위해 15분만이라도 짧게 쉰다면 스트레스에 더 전략적으로 대처할 수 있게 된다.

상대의 말에 귀를 기울여라

귀를 쫑긋 세워 집중하라. 질문을 던진 다음에 돌아오는 대답을 흘려듣지 마라. 상대방은 의견을 제시했음에도 무시당했다고 느낄지도 모른다. 그런 기분이 반복되면 나중에는 대화에 참여하지 않을 것이다. 상대방은 당신이 경청한다고 믿지 않을 것이다.

누군가와 대화하는 중이라면 그의 말을 진지하게 경청하고, 신중히 생각하라. 당신이 귀 기울여 듣고 있다고 느낀다면 상대방은 곧 당신을 신뢰하기 시작할 것이다.

어떤 말이 대화에 도움이 될지 고민해보라. 말이 계속 이어질 수는 없다. 침묵을 두려워하지 마라. 침묵은 당신이 열심히 고심해 대답할 기회를 제공한다.

실수를 실수로 남겨두지 않는다

실수를 저질렀는가? 어떤 실수를 했든 그것은 과거의 일이다. 현재에 존재하지 않는다. 의도하진 않았지만 바라던 대로 되지 않았고, 스스로 '실수를 저질렀다' 판단하면 그 행동이 '실수'가 되는 것이다. 그러니 실수는 당신이 기대했던 결과와 연관이 있다.

실수를 그저 실수로 흘려보내지 않을 방법이 있다. 지금부터 뜻대로 일이 잘 풀리지 않았을 때 뒤를 돌아보고 무엇을 다르게 해야 했을지 떠올려보라. 그래야 그 경험으로부터 얻는 게 생겨 다음번에 같은 실수를 반복하지 않을 것이다.

경청하는 사람 되기

잘 듣지 않는 사람은 자신의 필요와 이득, 타인의 필요와 이득을 잘 구별하지 못한다. 또한 자연스레 모든 말을 '그게 나에게 어떤 영향을 끼치지?'만 생각하며 듣는다.

남의 말을 듣는 데 서툰 이들은 상대의 말을 자르는 게 습관화되어 있다. 다른 사람이 말하는데 이미 혼자서 결론을 내버리거나 아예 상대의 이야기에 관심이 없다.

그러면 보지 못하는 틈이 무한히 커질 수밖에 없다. 열린 마음으로 상대의 말을 잘 들어야 한다. 진심으로 관심을 기울이고, 상대의 말을 완전히 이해하기 위한 시간과 공간을 허용하라. 경청하는 사람은 대화의 표면적인 의미만 보는 게 아니라 화자가 어떤 목적과 이해, 필요에 따라 그 말을 하는지 파악하려고 노력한다. 누구나 이야기를 잘 들어주는 사람 앞에서는 더 솔직히, 진심으로 말하게 된다. 경청해주는 태도를 상대도 느끼기 때문이다. 오늘 이루어질 모든 대화에서 경청하는 사람이 되어보자.

어려운 일부터 처리한다

스트레스가 심한 상황에 대처하는 능력을 개발하면 자연스럽게 회복 탄력성이 높아진다. 이것은 멘탈력을 개발할 기본 토대가 되어줄 것이다. 스트레스 수준이 대처 능력을 넘어서면, 스트레스의 요인을 줄이고 대처 능력을 높여 균형을 회복해야 한다.

며칠 혹은 몇 주 동안 하고 싶은 일의 목록을 전부 적어보자. 가장 중요한 것을 제일 상단에 적어라. 이제 그 목록 가운데 너무 벅차게 느껴지거나, 처리하다가 스트레스가 생길 것 같은 일의 목록을 재정리하자. 가장 중요한 일(아마도 가장 어려운 일일 것이다)을 가장 먼저 처리하는 편이 좋다. 미리 계획을 세우고, 환경을 개선하고, 어려운 일을 먼저 처리한 후 상대적으로 가벼운 짐들을 정리하자.

힘든 시기에서 배운다

자기 발견self-discovery(자신과 자신의 신념에 대해 알아가는 과정)을 할 기회를 찾아보자. 당신이 겪는 힘든 일들은 훌륭한 교훈이나 개인의 성장으로 귀결되기도 한다. 어려운 상황에 서면 자신감과 자존감이 올라가고, 인간관계가 단단해지며, 스스로에 대해 몰랐던 많은 것들을 깨닫는 기회를 얻을 수 있다. 분명 고생스러울 테지만, 단순히 고생에 그치지 않고 인생과 영성을 더 깊이 이해하기 시작할 것이다.

감정 일기를 써라

마음 챙김mindfulness은 몸과 마음이 차분해지는 데 대단히 효과적이다. 그뿐 아니라 힘든 일을 처리할 때도 도움이 된다. 몸과 주변 세계, 감정, 감각, 생각에 집중하고 명상을 함으로써 정신 건강을 크게 향상시킬 수 있다.

마음을 진정시켜주는 마음 챙김은 모든 부정적인 감정을 다스리도록 돕는다. 당신의 기분이 어떻게 달라지는지 추적할 수 있도록 감정 일기를 적어보자. 계속 써나가다 보면 기분을 개선시키거나 나쁘게 만드는 장소나 사람, 활동 등이 드러날 것이다. 그러면 일상의 긍정적인 부분을 감사히 여기고, 당신을 우울하게 만드는 원인을 분명하게 파악할 수 있을 것이다.

문제에 대한 해결책은 하나만 있지 않다

내버려둔다고 당면한 문제가 사라지지 않는다. 단순히 위기가 다가올 시간이 연장될 뿐이다. 방치하기보다는 문제를 즉각 해결하려고 노력하자. 상황을 개선시키거나 스트레스를 덜 받는 쪽으로 방안을 고민해보자. 간편한 해결책 같은 건 없다. 우선은 실제 문제가 무엇인지 명확히 파악하는 것부터 시작하자.

눈앞의 문제를 한 줄의 짧은 문장으로 정리해보자. 여기서 명심할 점은, 이 문장이 유일무이한 견해인 것은 아니라는 것이다. 사람들은 똑같은 문제를 앞두고 저마다 다른 시선으로 바라본다. 여러 가지 해결책과 옵션을 두고 대안을 세워보자. 그 대안들 중 하나에 끌린다면 자신의 직감을 믿고 이를 선택해보자.

말에 책임을 진다

당신이 '하겠다'고 결심한 바를 행동에 옮기는 모습을 보인다면, 다른 사람들은 당신을 책임감 있고 믿을 만한 사람으로 여긴다. 말한 대로 행동하는 것은 중요하다. 책임감 없는 사람과는 대부분 함께 일하기를 꺼리기 때문이다. 사람들은 의지할 만한 친구를 찾고, 존경하는 회사와 파트너십을 맺고 싶어 한다.

행동에 책임을 지는, 책임감이 강한 이를 사람들은 신뢰한다. 타인의 신뢰감은 누구나 얻고 싶어 한다. 이 기분 좋은 감정 덕분에 당신의 자존감과 자기애가 높아질 것이다.

책임감 높은 사람은 장애물이나 문제 앞에서 타인을 비난하기보다는 풀어내기 위해 나선다. 성공과 실패에 책임을 지며, 큰 보상이 따르지만 위험한 일도 해결하기 위해 노력한다.

있는 모습
그대로

제7장

181 ~ 210

타인에게 의지해도 괜찮다.
하지만 스스로에게 의지해야 할 때도 분명 있다.
그때가 언제인지도 파악해야 한다.

사람들은 생각보다 타인에게 관심이 없다

황소의 뿔에 앉아 잠시 휴식을 취하던 모기가 이제 그만 쉬고 날아가야겠다고 생각했다. 그래서 황소에게 가도 되겠냐고 물었다. 황소는 이렇게 대답했다. "네가 온 줄도 몰랐다. 그러니 간다고 해도 아쉽지는 않아."

··· 교훈 ···

사람들은 주변의 시선보다 자신의 생각을 더 중요시한다. 이는 당신의 말이 남들에게 중요하지 않다는 의미가 아니다. 가끔은 타인의 행동과 말이 예상했던 것보다 대단한 영향을 끼치지 않을 때가 있다는 뜻이다. 그러니 남들의 눈치를 보지 말고, 당신답게 진솔하게 말하고 행동하라. 당신의 존재를 모든 사람이 알아차릴 것이라고 기대하지 말자.

혼자 자라는 사람은 없다

가족과 친구, 지역사회 등과 좋은 관계를 형성하면 회복
탄력성이 강화된다.

어쩌면 당신은 당신을 아껴주고 당신의 문제에 귀를 기울
이며 어려울 때 응원해주는 사람들과의 건강한 관계를 과소
평가하고 있을지도 모른다. 당신에게 공감하고 이해하는 사
람들은 당신이 다시 희망을 품기를 바라며 혼자가 아님을 상
기시켜준다. 마찬가지로 그들에게 도움이 필요할 때, 당신이
그들을 도와주는 것 또한 당신에게 이롭다. 회복 탄력성을
기르는 데 도움이 되는 것은 말할 것도 없다.

오늘은 누구에게 기댈 것인가? 그리고 누구에게 도움의
손길을 기꺼이 내밀 것인가?

마음가짐이 유연해야 한다

회복 탄력성을 한마디로 표현하면 '유연한 마음가짐'이라 할 수 있다. 인생에서 스트레스를 받는 상황이나 사건 앞에서 유연성과 균형감을 발휘한다면 많은 도움이 된다.

격정의 소용돌이를 온전히 겪어내고 난 후 다시 일상으로 돌아오기 위해서는 당시의 감정을 잘 정리해야 한다.

문제를 해결하려면, 우선 툭툭 털고 일어나 움직이기 시작하라. 일상적으로 해야 할 일들을 먼저 해결하고, 한 걸음 물러나 에너지를 재충전해야 한다. 언제 에너지가 다했는지, 얼마나 쉬어야 할지 파악해보자.

응원해주고 격려해주는 사랑하는 이들과 함께하는 것은 스스로에게 자양분이 되어준다.

타인에게 의지해도 괜찮다. 하지만 스스로에게 의지해야 할 때도 분명 있다. 그때가 언제인지도 파악해야 한다.

감정 노트를 쓴다

스스로 느끼는 감정과 그 감정으로 인해 일어나는 반응들을 기록해보자. 그러면 감정의 복잡한 패턴을 알아내는 데 도움이 될 것이다. 가끔은 머릿속에 떠오르는 생각들을 따라가는 것만으로도 충분하다. 마음속 감정들을 종이에 옮겨 적고 나면 더 깊이 반추하게 된다. 또한 회사 문제나 가족 간의 갈등 같은 특정 상황들이 '더 조절하기 어려운 감정'임을 인지하는 데 도움이 되어준다.

어떤 요소들이 특정 감정을 유발하는지 알아낸다면 감정을 더 효과적으로 다스릴 수 있게 될 것이다. 기록은 매일, 정기적으로 해야 가장 효과가 좋다. 감정 노트를 쓰자. 특히 강렬한 감정을 겪을 때마다 기록해야 한다. 무엇이 그 감정을 유발했는지, 그에 대한 반응은 어떠했는지 적어두자. 만약 도움이 되지 않는 반응을 했다면 앞으로는 어떻게 해야 자신에게 도움이 될지 생각해보자.

회복력이 좋은 사람들의 특징

회복 탄력성이 뛰어난 사람들은 삶을 의미 있게 보낸다. 그들은 잘 웃고, 삶에 대해 긍정적이며 희망찬 태도를 유지한다. 자기 자신을 너무 심각하게 받아들이지 않고, 인생의 어려움 앞에서도 유머감각을 잃지 않는다. 회복력이 좋은 사람들은 스스로를 신뢰하고, 자기 분야에 전문가이며, 자기 직업을 사랑하기 때문에 자신은 행복하리라 믿는다.

회복 탄력성이 뛰어난 이들은 긍정적이며, 자신과 자신의 감정을 신뢰하고, 스스로 문제를 해결할 수 있다고 믿는다. 위기 앞에서도 낙관적인 태도를 유지하고, 열린 마음으로 해결 방법을 적극적으로 모색한다. 이들은 문제에 짓눌려 살지 않으며, 문제를 해결할 만한 가능한 방법들을 고민하며 미래를 기다린다.

회복 탄력성을 개발하고 싶은가? 유머감각과 긍정적인 자세, 희망에 찬 태도가 가장 중요한 전략이다.

믿어주는 이들과 네트워크를 쌓는다

당신을 아끼고 응원해주는 사람들을 주변에 두어야 한다. 강한 소셜 네트워크를 쌓는 것이다. 그들은 당신이 어렵고 위험한 시기를 맞았을 때 보호 장벽을 쌓아줄 것이다. 믿고 존경하면서도 속마음을 털어놓을 만한 사람들을 곁에 두는 게 중요하다.

친구나 사랑하는 이와 대화하는 것만으로도 문제가 사라질 수 있다. 스스럼없이 감정을 나누고, 무한한 지지를 받으며, 긍정적인 피드백을 주고받다 보면 자연스럽게 해결책이 떠오르기도 한다. 마음이 맞는 이와 대화를 하다 보면 차분해지고 여유로워지며 웃을 수 있게 된다. 신나게 한바탕 웃는 것이 심리에 얼마나 중요한지 잊지 말자. 웃음은 스트레스받느라 나빠진 면역 체계를 회복시켜준다.

무엇보다 걱정하지 말라. 당신의 나이가 몇이든 상관없이 언제나 인생의 부조리를 포용하는 법을 익힐 수 있다. 늦은 때란 없다! 언제가 되었든!

의식 consciousness과 자아 인식 self-awareness을 헷갈리지 말자. 의식이란 당신의 몸과 환경, 라이프 스타일을 인식하는 것이다. 자아 인식이란 스스로를 한 명의 독특한 개인으로서 이해하는 것이다. 자신의 행동과 감정을 이해하고, 그것이 가치와 기준에 어떻게 부합하는지 파악하는 것이다. 즉 자아 인식은 스스로를 관심 대상으로 삼는 심리적 상태다.

자아 인식을 개발하면 자신이 무엇을 잘하고 어떤 면을 더 발전시킬 만한지 파악할 수 있게 된다. 이상과 가치가 행동과 일치하기에 보다 행복하다고 느낀다.

오늘 당신의 어떤 면을 처음으로 발견했는가?

포기하고 싶을 때마다 넓게 보아야 한다

약간 답답한 기분이 들거나 의욕을 잃었거나 포기하고 싶다면, 자신을 너그러운 마음으로 바라보아야 한다. 이런 감정들을 느끼기 전 상태로 돌아오기 위해 다음과 같은 간단한 아이디어를 실천해보자.

뒤로 크게 물러서자. 넓게 보라. 이제 우선순위를 다시 정해야 할 시간이다. 자신의 목표 가운데 가장 중요한 게 무엇인지 자문해보자. 무엇이 가장 중요한가? 여기에만 초점을 맞추고, 목표를 이루기까지 필요한 세분화된 실행 단계의 목록을 만들어보자. 이 단계들을 완성하기 전까지는 다른 목표를 세우지 말라.

당신이 무엇을 할 수 있는지, 이 일이 당신에게 얼마나 중요한지, 목표를 달성했을 때 어떤 기분이 들지 계속해서 떠올려보자.

집중력을 기른다

집중력이란, 계속해서 집중하는 능력, 방해 요소를 무시하고 다시 이전으로 돌아가는 능력이다.

집중력을 방해하는 요소는 어디에나 있다. 만약 그 방해물들에 잘 대처할 수만 있다면 잠깐 산만해지는 것은 아무런 문제가 되지 않는다. 최우선으로 집중해야 할 사항, 즉 이루고 싶은 바를 생각하면서 계속 목표에 집중하는 법을 배우라. 하루에 처리해야 할 업무의 양을 두세 가지 정도로 줄여라. 업무를 더 세부적으로 나누고 가장 작은 단위부터 하나씩 처리한다.

작은 단계를 쉽게 성취할 수 있음을 깨닫는다면 이후에 방해 요소를 피하기가 훨씬 수월해질 것이다.

깊은 우물에 빠졌을 때 살아남으려면

당나귀가 우물에 풍덩 빠졌다. 놀란 농부는 고민하다가 이런 결론을 내렸다. '당나귀가 어차피 늙었고 우물도 곧 덮으려던 것이니 당나귀를 구하느라 힘들게 고생할 필요는 없겠다.' 당나귀는 서럽게 엉엉 울었다.

농부는 이웃 주민들 우물을 메워달라고 부탁했다. 사람들이 하나둘 흙을 우물에 던지기 시작했다. 삽질을 몇 번 더 하던 농부는 우물 안을 들여다보았다가 깜짝 놀랐다. 당나귀는 자기 등 위로 흙이 쌓일 때마다 그것들을 툭툭 턴 다음에 밟고 올라섰다. 오래 지나지 않아 흙 위에 올라설 수 있었고, 우물을 폴짝 넘어 걸어나왔다.

··· 교훈 ···

멈추지 말고 절대 포기하지 않으면 가장 깊은 우물에서도 나올 수 있다. 인생은 온갖 종류의 흙을 던질 것이다. 우물을 나오려면 그 흙을 털어내고 밟고 일어나야 한다. 각종 문젯거리가 오히려 발 받침대가 되어줄 것이다. 그러니 털어버리라. 밟고 올라서라.

당신만이 문제의 모든 해답을 알고 있다

누구도 당신에게 새로운 인생을 선물할 수 없다. 살아가면서 만나는 사람들 가운데 당신을 절대 떠나지 않을 유일한 사람은 바로 당신 자신이다.

당신만이 인생의 문제를 해결할 해답을 가지고 있다. 당신이 해답이다.

동시에 당신은 당신 인생의 가장 큰 장애물이다.

당신은 문제이자 답이자 해결책이다. 당신이 겪는 모든 일에서.

이 문장들을 다시 읽어라.

적당한 수분으로 몸을 깨운다

건강하려면 적절한 수분 섭취가 필수다. 매일 2, 3리터의 물을 마시면 정상 체온을 유지하고, 내장 기관이 건강해지며, 소화와 신진대사, 불순물 제거에 효과적이다. 이 밖에도 신체 기능을 잘 유지하는 데 수분이 많은 도움을 준다. 따뜻한 물과 얼음처럼 차가운 물 가운데 어느 쪽이 나은지 다양한 이론이 있다. 개인적으로는 찬물을 선호한다. 찬물은 두통을 예방하고 운동할 때 더 많은 열량을 태우도록 도우며 몸에서 필요 없는 독소들을 배출하는 데 도움을 준다.

찬물은 피부 바로 아래에 있는 감각들을 활성화시킨다. 심장 박동을 빠르게 만들고 아드레날린을 분비시켜 '살아 있다'는 느낌을 준다. 시원한 물을 마시면 주의력이 좋아지고 더 나은 결정을 빠르게 내리도록 집중력을 높여준다. 사건에 휘말린 사람들에게 시원한 물을 한잔 건네면 정신을 맑게 해주고 통증을 줄이는 데 도움이 된다.

매일 물을 많이 마셔라. 다만 차갑게 마시자!

제3자의 시선으로 자신의 상황을 마주한다

혹시 힘든 일 때문에 고생하고 있다면, 그 사건에 감정적으로 거리를 두라. 그래야 제3자의 시선으로 볼 수 있게 된다. 멀리서 타인의 눈으로 바라볼 줄 알아야 부정적인 감정에 갇히는 것을 막을 수 있다.

감정적으로 거리를 두면 그 사건에서 느낀, 기분 나빴던 자잘한 일들을 곱씹지 않게 된다. 또 안 좋은 일이 일어나도 조금은 기분이 덜 상할 것이다. 가장 최근에 겪은 스트레스 상황을 떠올려보자. 벽에 붙은 파리를 바라볼 때처럼, 혹은 지나가던 행인처럼 낯선 눈으로 그 상황을 들여다보자. 똑같은 경험을 외부 관찰자의 입장으로, 덜 감정적인 상태로 보는 것이다.

낯선 일 앞에서도 "예스"를 말하라

인생은 하나의 커다란 실험과 같다. 많이 탐험하고 시도할 수록 좋은 결과를 가져다준다. 그러니 더 자주 "예스"라고 대답하자. 심지어 아직 그 일을 맡을 준비가 되어 있지 않다고 해도 말이다. 직장에서 일할 때도 새로운 프로젝트, 새로운 기회, 새로운 역할, 심지어 생전 처음 맡아보는 일 앞에서도 "예스"를 외쳐보자.

새로운 기회를 승낙하면 지식이 확장되고, 일을 다른 시각으로 바라보는 눈이 생긴다. "예스"라고 대답할 때 인생은 좀 더 충만해지고 긍정적인 변화가 생길 것이다.

시야를 넓혀라. 관심 있는 길을 기꺼이 탐험하라. 허용 가능한 모든 옵션을 조사해보라. 새로운 장소와 사건, 아이디어의 실현 가능성을 살핀다면 미래를 자신 있게 그려나가는 데 도움이 될 것이다. 오늘부터 "예스"라고 말해보자. 전에는 해볼 기회조차 없었던 것들을 즐기게 될지 누가 아는가.

용감한 이는 무엇이든 될 수 있다

용감하다는 것은 무엇일까? 행동한다는 의미다. 그러니 단순히 자신감을 갖추는 것보다 더 나은 행동이다. 용감한 행동이란 능력을 최대한 발휘하고, 스스로를 한계에 밀어붙이며, 성장하고, 새로운 것을 배우고, 시도한다는 뜻이다.

신나고 흥미로운 인생을 원한다면 용기를 내야만 한다. 두려운 감정을 항상 피할 수는 없다. 오직 용기만이 두려움을 정복할 수 있다.

용기는 두려움을 정복하고, 두렵다는 사실을 누구에게도 알리지 않은 채 앞으로 나아가는 것이다. 두려움이 당신을 약하고 방향을 잃게 만든다면, 용기는 당신의 방식대로 살아가는 자유를 선물한다.

인생에서 할 수 있는 가장 용감한 행동은 스스로를 사랑하고 존중하는 것이다. 자신을 사랑한다면 자유롭게 꿈을 따라 살게 될 것이다. 혹시 이 말이 두렵게 느껴지는가?

종이를 꺼내 감정을 기록하라

기록은 자신을 존중하는 대표적인 행위다. 가슴에 있는 것들을 전부 종이 위에 털어놓는 행동이 회복 탄력성을 발달시킨다. 글쓰기는 생각을 정리하고 감정을 해소하는 데 도움을 줄 뿐 아니라 발생한 일을 기록하는 문서가 되어준다. 글을 쓰면 창의성이 길러진다. 이는 불안이나 우울증에 뛰어난 해독제가 되어준다. 글쓰기에 온전히 집중해보라. 그러면 지금 겪는 트라우마나 스트레스에서 빠져나와 안전하고 평온한 곳으로 이동하게 될 것이다.

지금 당장 종이를 꺼내 당신이 차분히 기록해보자. 이전에 비슷한 일을 이겨냈던 경험들을 기록해보라. 가지고 있는 것들 가운데 감사할 만한 것들도 써내려보자.

의욕은 성실함을 동반한다

'동기 부여'와 '성실하게 일하기'는 같이 간다. 하지만 유의미한 결과를 얻지 못한다면 열심히 일하고 싶은 의욕을 잃을 것이다. 결과로 나타나지 않으면 목표를 포기하고 싶어지고 집중력이 줄어들며 생산성도 떨어진다.

긍정적인 마음가짐이 중요하다. 성실히 일하기의 장점은 스스로 발전하고, 이후 결과를 손에 넣었을 때 의욕을 상승시킨다는 것이다. 자신감이 높아지고 성장이 분명히 보일 때 동기 유발과 충만함을 느끼게 된다.

스스로 발전했음을 깨달으면, 그 독려에 자연스레 계속 열심히 일하게 된다. 자신의 잠재력이 무한하다고 느낀다면, 그건 바로 열심히 일했다는 증거임을 반드시 기억하라.

긍정적인 내적 대화법 추구하기

당신은 원하는 것이라면 무엇이든 할 수 있다. 당신의 능력과 자원은 당신의 예상보다 훨씬 더 많다. 머릿속에 이미 존재하는 정보를 기초로 당신 머릿속을 맴도는 부정적인 생각들을 극복하려면 긍정적인 내적 대화법을 추구해야 한다.

당신은 스스로에게 말하는 법과 반응하는 법을 토대로 자신의 성공을 직접 선택할 수 있다.

생각이 감정을 결정한다

생각과 감정, 행동은 명확히 상호 의존적이다. 생각이 감정을 결정하고, 몸은 그 감정에 따라 반응한다. 만약 왜 특정 방식으로 행동했는지 이해하고 싶다면, 잠시 멈추어 서서 그 감정을 유발한 생각들과 그렇게 행동하게 만든 생각들을 확인해보라.

지루한 시간이 쌓여 능력이 된다

스스로 완벽하게 마스터한 기술들을 떠올려보자. 잠시 그 기술을 익히기 위해 들였던 시간과 노력을 반추해보자. 해당 기술을 제대로 습득하기 위해 얼마나 많은 연습을 했는지 떠올려보자. 의심할 여지없이 지루한 시간들이 있었을 것이다. 당연하다. 뇌는 새로운 것에 자극을 느끼기 때문이다. 그렇지만 새로운 기술을 익히고 이를 나중에 활용할 기대감에 부풀어 있었을 것이다.

문제는 한 가지 기술을 익히는 데는 연습과 반복이 필요하다는 점이다. 연습이 계속되면 으레 지루해지기 시작한다. 이를 단축시킬 방법은 안타깝게도 없다. 숙련도를 높게 유지하기 위해서는 시간을 투자해야 한다. 지루함은 숙달의 전제조건이다. 지루함을 견뎌내지 못하면 그 어떤 것도 마스터할 수 없다.

새로운 기술을 익히고 싶은가? 배움의 과정에 지루한 시간이 존재한다는 진실을 받아들여라.

나무가 아닌 숲을 본다

때로는 상황에 압도되어 다른 것들은 신경도 쓰지 못하는 경우가 일어난다. 이 문제를 해결하는 방법은 '이 또한 지나가리라'를 상기하면서 상황을 멀리 보는 것이다. 이는 현명하고 이성적인 방법으로 문제의 핵심을 파악하라는 의미 같다.

건강한 관점을 갖추려면 최대한 상황에서 멀리 떨어져서 관찰하고, 세부적인 사항도 적절하게 보면서 전체도 놓치지 말아야 한다. 생각의 속도를 늦추고 자신만의 시각을 확립하라. 그런 다음 다른 렌즈를 적극적으로 활용해 멀리서, 더 큰 그림을 바라봐라. 어떤 문제든 다른 시각으로 바라보는 것은 해결 방법을 찾는 데 효과적이다.

깊은 호흡이 초조함을 줄인다

스트레스를 받거나 초조해지면 평소와 숨 쉬는 것이 달라진다는 사실을 알아챈 적이 있는가? 호흡은 점점 짧고 얕아지고, 점차 몸과 마음에 연쇄 반응을 일으킨다.

이럴 때면 깊게 심호흡하면 도움이 된다. 숨을 깊이 들이쉬었다가 천천히 내쉬면서 심장 박동 수를 늦춰보자. 깊은 숨이 마음을 차분하게 만드는 데 도움을 줄 것이다. 어깨의 긴장을 풀고, 코로 숨을 들이쉰 다음 입으로 천천히 내뱉어라. 입술은 약간 오므리되 턱에 긴장을 풀어라.

이 호흡을 최대한 많이 연습하라. 스트레스와 초조함을 줄이는 데 도움이 될 것이다.

미래가 아닌 현재를 살아라

미래는 현재의 당신이 무엇을 하는지, 또 하지 않는지에 의해 결정된다. 지금에 집중하는 것은 의외로 많은 연습이 필요하다. 마음 챙김 연습은 여러 가지 신체적·정신적 장점이 있다. 예컨대 스트레스를 줄이고, 면역 체계를 강화시키며, 혈압을 낮추는 기능을 한다. 마음 챙김을 잘하는 사람들은 대체로 안정적이고 자존감이 높으며 행복감을 느낀다.

주변에 존재하는 작은 것들을 둘러보고 감사하라. 지금을 살고, 지금을 즐겨라.

정교한 상상은 곧 현실이 된다

상상력의 정교함과 가치는 점점 더 중요해지고 있다. 공상은 가장 강력한 도구이면서 동시에 가장 저평가된 도구다. 직장에서 멍하니 창밖을 응시하는 태도는 노트북 키보드를 맹렬히 치는 일보다 생산적으로 보이지 않는다. 하지만 혁신적인 해결책이 필요할 때는 마음이 흘러가는 대로 놔두는 것이 매우 중요하다.

미래에 무엇을 할 것인가 상상하고, 마치 실제로 일어난 일이라고 생각해보자. 이렇게 할 수 있다면 일이 어떻게 진행될지 머릿속으로 미리 시뮬레이션해본다면 이후에 현실에서도 똑같은 방식으로 수행할 가능성이 높아진다.

매일 시간을 할애해 마음이 흘러가는 대로 따라가보자. 더 높은 수준으로 업무를 수행하는 당신을 상상하라. 이는 당신을 더 강하게 만들고 현실에서도 똑같이 수행하도록 도울 것이다.

격앙된 감정에서 빠져나와 주위를 돌리기

격앙된 감정을 느끼고 있는가? 최선의 방안은 이성적으로 반응할 수 있도록 그 감정과 최대한 거리를 두는 것이다. 예를 들면 힘든 상황과 물리적으로 거리를 두는 것이다. 또는 신경을 다른 데로 돌려 정신적으로 거리를 둘 수도 있다. 산책을 하러 나간다거나, 재미있는 영화를 감상하고, 반려동물과 시간을 보내거나, 사랑하는 사람과 대화를 해보자.

더 잘 대처할 수 있을 때까지 다른 데 신경을 쓰는 것은 당신에게 해가 되지 않는다. 다만 결국에는 다시 그 상황으로 돌아가야 한다. 건강한 산만함은 일시적이어야 한다.

내 목표의 주인이 되라

당신에게 중요하지 않은 목표를 세워본 적이 있는가? 아마 진지하게 고민해본 적이 없을 것이다. 그다지 중요하지 않은 목표인데 어려운 일이라면 처음부터 포기하는 경향이 있다. 스스로 결심한 목표에 진심으로 주인 의식을 가지지 않으면 쉽게 포기하게 된다.

목표가 장기적인 꿈과 어긋날 때는 오히려 빨리 포기해야 한다. 하지만 삶이 힘들어도 끈질기게 버텨보고 싶다면, 어떻게든 결과를 얻기 위해 열정을 불태워야 할 것이다. 당신은 결과에 책임을 져야 한다. 중요한 목표를 세워라.

자기 연민은 선택이다

습관적으로 스스로를 가엾게 여기는 사람들이 있다. 이런 이들은 어려운 상황 앞에서 지레 겁먹고 포기해버리곤 한다. 자기 연민은 선택이다. 즉 어쩔 수 없이 생긴 태도가 아니라 본인이 의도적으로 선택한 것이다. 일단 부정적인 태도를 유지하면 이는 재빨리 당신의 마음에 뿌리를 내린다. 그래서 실패를 본능적으로 상황 탓으로 돌리게 만든다.

반대로 작은 일에도 감사해하는 마음을 가진다면, 자기 안에 불행과 고난을 견디는 데 도움이 될 만한 내적·외적 자원이 있다는 사실을 다시 한 번 깨달을 것이다. 당신의 재능과 능력을 감사히 여긴다면 이는 곧 더 성장할 여지가 되고, 자신감을 심어줄 것이다.

부정적인 결과는 발전할 기회다

분명 이런 말을 들어봤을 것이다. "당신을 죽이지 못하는 것은 당신을 더 강하게 만들 뿐이다." 대개 안 좋은 일을 뜻하지만, 이 말은 실패에도 똑같이 적용된다. 만약 당신이 실패를 단순한 '피드백' 정도로 해석한다면 더 단단하고 강해질 수 있을 것이다. 힘든 일을 겪을 때마다 당신을 무기력하게 만드는 괴로운 감정에 더 둔감해질 수도 있다.

좌절할 때마다 중요한 교훈을 얻게 되고, 불확실한 일을 겪을 때마다 점점 더 용기를 내게 될 것이다. 그른 판단을 내리거나 실수를 저지르고 결국에는 형편없는 결과를 얻을 수도 있다는 생각은 당신에게 점점 의미가 없어지게 된다. 부정적인 결과는 배우고 발전할 기회를 제공하는 유용하고 건설적인 피드백이 될 뿐이다.

자의식을 강화시켜라

정서 지능을 개발하려면 자의식이 필요하다. 스스로에게 집중할 때, 자기 성찰의 힘이 생기며 진정한 내적 자아와 연결된다. 그러면 더 나은 결정을 내릴 수 있게 될 것이다. 스스로의 직감과 감각을 믿어야 하며, 옳거나 그르다고 느껴지는 감정들을 무심코 넘기지 말아야 한다.

자신을 점점 더 의식하면 결과에 영향을 끼칠 힘도 생긴다. 그러면 당신은 더 나은 결정을 내리는 사람이 될 것이다. 자기 인식이 증가하면 그에 비례해 자신감이 생기고, 더 명확하고 분명하게 의사소통할 줄 알게 된다. 자의식이 강해지면 사물을 여러 각도에서 볼 줄 알고 추측과 편견에서 벗어날 힘이 생긴다.

자의식을 강하게 키우고 싶다면 가장 먼저 스스로에게 이 질문을 던져야 한다.

"나는 내 주변 이들에게 어떠한 사람인가?"

감정 반응을 바꾸는 연습

지금 겪고 있는 어려움과 좌절들을 극복할 수 없는 문제로 보면 안 된다. 누구나 살면서 크고 작은 어려움을 겪는다. 어떤 스트레스 상황이든 그 너머를 보는 태도가 중요하다. 상황은 수시로 변하고, 주변에서 일어나는 외부적인 요인들은 당신이 바꿀 수 없다. 하지만 그 일을 겪는 당신의 반응은 통제 가능하다.

세상에 영원한 것은 없다. 변하지 않는 진리는 모든 것이 변한다는 사실이다. 오늘 당신에게 일어난 일 가운데 다르게 반응할 수 있었던 일은 무엇일까? 그 어려운 일을 새로운 방법으로 대처한다면 어떤 기분이 들까? 그 미세한 차이에 주의를 기울여보자. 스스로에게 질문을 던져보자. "지금 내가 어떤 기분을 느끼고 있지? 이런 기분이 드는 이유는 무엇일까?" 대처 방법을 바꾸면 이전에는 보이지 않던 큰 차이가 눈에 들어올 것이다. 감정 반응을 바꾸는 연습을 계속하자.

끈기가 주는
선물

제8장

211 ~ 240

실수를 저질러서 창피를 당할지라도
계속 그 일을 하려면 열정을 품어야 한다.
남들의 의견과 상관없이 계속 앞으로 나아간다면
그것은 당신에게 매우 의미 깊은 일일 것이다.

가진 것에 만족한다

개 한 마리가 간만에 얻은 고깃덩이를 입에 물고 집으로 향하던 중이었다. 집에 가는 다리를 건너다가 우연히 강 아래를 내려다보게 되었다. 개는 강물에 비치는 자기 모습을 다른 개로 착각했다.

'저 개가 물고 있는 저 고기도 가지고 싶다.' 고기를 뺏으려면 겁을 주어야 한다. 짖으려고 입을 벌리자마자 물고 있던 고깃덩이는 강물로 풍덩 빠지더니 더는 닿을 수 없는 강바닥으로 가라앉고 말았다.

··· 교훈 ···

지나친 욕심은 화를 부른다. 사실 대부분의 사람들은 자신이 가진 것을 기본값으로 여기고, 더 많은 것을 얻으려고 노력한다. 누구나 더 잘살기를 원하며, 지금보다 더 원대한 무언가를 추구한다. 하지만 이미 가지고 있는 것들을 충분히 음미하고, 소유를 당연시하지 말아야 한다. 이미 잃어버렸을 때는 후회만 남을지도 모른다.

자신의 성장을 수시로 복기한다

당신은 계속 성장하는 중이다. 성장은 점진적으로 일어나기 때문에 스스로 얼마나 자랐는지 파악하기는 쉽지 않다. 이럴 때 '자기 평가'가 필요하다.

정기적으로 '자기 평가'를 하는 자세는 매우 유익하다. 자신의 자신감 수준이 현실적인지 점검하기 위해서도 유용한 태도다.

차분히 앉아서 당신이 얼마나 성장했는지, 그리고 어떤 기술을 새로 습득했는지 떠올려보자. 특별한 상황을 맞닥트렸을 때 어떻게 대처했는지 기억나는가? 최근에 만난 사람들, 낯선 이들과 나누었던 대화들, 익숙하지 않은 업무를 처리했던 기억 등을 복기해보라.

일은 인생에 큰 부분을 차지한다. 일에 만족하는 유일한 방법은 '위대한 일을 하는 것'이다. 위대한 일을 하는 유일한 방법은 '자신이 하는 일을 사랑하는 것'이다. 자신의 직업을 사랑한다면 쉽게 동기 유발을 받을 것이다.

요즘 많은 사람들이 마지못해 일을 한다. 이 때문에 삶의 보람을 일 밖에서 찾는다. 그러나 자기 직업을 진정으로 사랑한다면 굳이 보람을 밖에서 찾을 필요가 없어진다. 매일이, 일상이, 늘, 진심으로 행복해지기 때문이다.

돈이나 지위가 일의 동기 유발이 될 수도 있다. 그러나 뜨거운 애정을 느끼는 직업이나 경력이 아니라면 시간과 의욕, 헌신, 직업윤리를 100퍼센트 발휘하기는 힘들 것이다. 만약 일에 흥미나 열정이 생기지 않는다면, 어떻게 일에 헌신할 수 있겠는가. 그건 정말 불가능할 것이다.

이렇게 질문해보자.

"나는 내 일을 진심으로 하고 있나?"

불운을 이겨내는 힘은 끈기에서 온다

"그 어떤 일이라도, 인내로 극복되지 않는 불운은 없다."

– 푸블리우스 베르길리우스 마로Publius Vergilius Maro(고대 로마의 시인. 로마의 건국과 사명을 노래한 민족 서사시 〈아이네이스〉를 썼다)

창피를 두려워하면 안 된다

일에 능숙해지기 전까지, 그 일에 능력도 없고 지식도 부족한 탓에 어느 시점까지는 그냥 맨땅에 부딪히며 맞서야 할 때가 있다. 사람이라면 누구나 가능한 한 창피를 당하지 않기 위해 최선을 다한다. 하지만 조금이라도 창피한 상황이 생길까 싶어 아예 일을 저지르지 않는다면, 결국 의미 있는 일은 아무것도 하지 못하게 될지도 모른다.

실수를 저질러서 창피를 당할지라도 계속 그 일을 하려면 열정을 품어야 한다. 남들의 의견과 상관없이 계속 앞으로 나아간다면 그것은 당신에게 매우 의미 깊은 일일 것이다.

자신이 한심하다고 느껴진다면, 그것은 중요하고 의미 있는 일을 앞두었을 때면 늘 겪어야 하는 기분이라는 사실을 받아들이자. 인생의 중요한 결정 앞에 주눅이 든다면 아마도 그 일을 더 많이 경험해보아야 한다는 의미일 것이다.

몰입이 능력을 최대로 끌어올린다

운동선수들은 최고의 자리에 오르기 위해 능력을 최대치로 끌어올리고, 심리적 안전지대를 벗어나며, 장애물과 의구심을 극복하기 위해 스스로를 끊임없이 한계까지 밀어붙인다. 이처럼 오롯이 집중하는 과정을 '혼연일체' 또는 '흐름 flow 상태'라고 부른다. 몰아의 경지, 즉 시간이 천천히 흐르는 듯한, 심지어 멈춘 듯한 상태로 들어서는 것, 당면한 과제 외에는 아무것도 보지 못하는 초몰입 상태를 뜻한다.

신체 활동이든 창의적 활동이든 단순히 일상적인 일을 행하든, 이와 같은 흐름의 상태는 당신에게도 일어날 수 있다.

흐름은 순간적으로 자기 자신을 잊고 온전히 집중하는 정신 에너지의 근원이다. 능력이 행동과 맞아떨어질 때, 주변 세계는 조용해지고 꿈으로만 꾸던 결과를 성취하게 될 것이다.

실패가 주는 피드백을 받아들여라

실패는 매우 유능한 선생인 동시에 엄하고 매정하다. 의도 대로 풀리지 않던 일에서 결국 어떤 교훈을 얻느냐에 따라 통찰력과 가치가 결정된다. 만약 당시의 실패를 당신의 능력과 기술에 대한 부정적인 판단의 결과로 받아들인다면 결국 새로운 시도 자체가 두려워질 것이다. 당신은 스스로를 무능하고 부족한 사람으로 보기 시작할 테고, 이 두려움이 마음 안에 넓게 퍼져 결국 그 어떤 위험도 감수하지 않는 사람이 될 것이다.

이와 반대로 '실패는 그저 피드백에 불과하다'고 믿는다면, 실패는 스스로 발전하는 기회로 다가올 것이다. 지금 성공하지 못했다고 해서 스스로를 무능력하다고 받아들이기보다는 실패가 건네는 피드백을 잘 곱씹어 다시 시도할 용기를 얻을 것이다.

감정을 있는 그대로 받아들여라

자기 훈련과 멘탈력을 개발하려면 잠깐의 불편함을 받아들여야만 한다. 그러니 불편을 참아내는 능력을 길러보자. 또 다른 방법은 규율의 반대편에 선 태도로, 충동에 따라 행동하는 것이다.

만약 짜증이 밀려오고 문득 불안하다면, 그 감정을 피하지 말고 있는 그대로 받아들여라. 굴복하라는 뜻이 아니다. 그저 그 감정을 인정하라는 의미다. 스스로의 감정을 인정하는 방법을 더 잘 배울수록 충동을 억제하기가 쉬워질 것이다.

꾸준함만이 해답이다

까마귀가 마침 물이 가득 찬 물병을 발견했다. 목이 말랐던 까마귀가 부리를 항아리에 넣으려고 했지만 항아리 입구가 좁아 부리가 물에 닿지 못했다. 아무리 애를 써도 소용이 없었다. 고민하던 까마귀에게 문득 아이디어가 떠올랐다. 작은 조약돌을 계속해서 항아리 안에 떨어뜨리는 것이었다. 그러자 곧 물이 끝까지 차올랐고, 까마귀는 그 시원한 물을 마실 수 있게 되었다.

··· 교훈 ···

조금씩 매일 하라. 그것만이 해답이다. 처음에 성공하지 못해도 시도하고, 또 시도하라! 인내는 모든 문제를 푸는 열쇠다. 만약 첫 번째 방법으로 문제를 해결하지 못했다면 또 다른 방법을 생각해보라. 문제를 다른 각도에서 보라. 답을 찾을 때까지 계속하라. 결국 아무것도 안 하는 것보다는 훨씬 낫다.

겸손하라

겸손하다는 것, 또는 겸손을 실천한다는 것은 자만에 빠지지 않고 타인과, 타인의 의견을 소중히 여기는 태도다. 겸손이란 자랑이나 거만, 허영과 정반대편에 서 있다. 겸손은 나약하거나 우유부단한 태도와 거리가 멀다.

새로운 지식을 적극적으로 받아들이면 겸손함이 길러질 것이다. 호기심 어린 태도로 주변 사람들의 호기심을 자극하라. 당신이 진정 겸손한 사람이라면 소박함과 감사함, 관대함을 드러낼 것이다. 스스로에게 질문하라. 오늘, 어떻게 이러한 태도를 드러낼 수 있을까?

마감 시간을 책정하라

오래 일한다고 해서 반드시 더 많이 일하는 것은 아니다. 일은 마감 시간이 끝내는 것이다. 대부분은 마감 시간에 맞추어 일을 끝내려는 경향이 있다. 문제는, 쉬는 시간조차 이런저런 잡생각으로 다 보낸다는 것이다. 왜 그럴까? 마음은 에너지를 절약하는 쪽으로 설계되어 있기 때문이다. 만약 특정 일을 꼭 하지 않아도 된다면, 하지 않을 가능성이 높다. 그 대신에 휴대전화를 만지작거리거나 빈둥거리는 행동으로 빠지게 될 것이다. 하지만 마감이 코앞이라면, 갑자기 눈에 불을 켜고 집중하느라 절대 방해가 되는 행동을 하지 않을 것이다. 해야만 하는 일이 있다는 사실을 인식한다면 어떻게든 방법을 마련할 것이다.

마감 시간을 되도록 타이트하게 잡아라. 책임감을 강요하는 것이다. 만약 필요하다면 임의로 만든 그 마감 시간을 좀 더 현실적으로 받아들이도록 책임을 물어달라고 누군가에게 부탁하라.

명확하게 마감 기한을 세우는 자세는 산만해지지 않고 생산성을 높이는 데 도움이 된다.

찬물 아래에서 수영하라

아이스맨으로 불리는 빔 호프는 네덜란드 모험가로, 극한의 추위를 견디는 찬물 치료 예찬자다. 그는 사람들에게 찬물로 목욕하라고 독려하는 데 일생을 바치고 있다. 이유가 무엇일까? 찬물 샤워가 명석함과 행동 능력, 인지 능력을 증진시키고 몸의 자연 치유력을 활성화시켜 소화를 도울 뿐 아니라 숙면에도 도움이 된다고 알려져 있기 때문이다.

찬물 수영은 소심한 사람들에게 권하는 운동은 아니다. 하지만 만약 이를 시도할 용기가 있다면, 찬물 수영이 우울증과 불안 증상을 크게 경감시켜줄 것이다. 실외 수영장의 찬물 아래에서 수영을 한다면 열량을 더 태울 수 있고, 혈액 순환도 좋아지며, 천연 항우울제 효과까지 얻을 것이다.

당신은 이를 시도해볼 만큼 정신적으로 강한가?

두뇌 훈련 게임으로 집중력을 키운다

인지 조절은 과학 용어로, 산만해지지 않고 원하는 곳에 계속 집중하는 것이다. 위기 상황에서도 차분함을 유지하는 사람, 쉽게 흥분하거나 떨지 않고 실패해도 빨리 회복하는 사람은 인지 조절력이 좋다고 말할 수 있다.

오늘은 두뇌 훈련 게임을 해보자. 집중력을 유지시키는 연습을 반복하고, 정신이 산만해지기 전에 집중하는 시간을 확보할 수 있을지 확인해보자.

나쁜 습관이 몸에 배기 전에

좋은 습관을 몸에 배도록 익힐 수 있다고 말하는데, 이는 나쁜 습관에도 마찬가지로 적용된다. 대표적인 나쁜 습관은 일시적인 충동에 이끌리는 대로 행동하는 것이다. 하고 싶은 대로 할수록 습관으로 굳어버리고, 힘든 상황이 닥치면 더 빨리 충동에 굴복하고 만다. 마음은 당신을 교활하게 설득하려고 이렇게 속삭일 것이다. '조금은 멋대로 해도 괜찮잖아?' 당신이 이 말에 굴복해버린다면, 충동에 응답하는 훈련을 하는 셈이 된다.

일시적인 충동을 이겨내고 싶은가? 잠깐의 불편함을 인내하도록 마음을 훈련하라. 그러면 바로 포기하는 성향도 줄여나갈 수 있을 것이다.

성장 사고방식을 추구한다

당신에 관해 정해진 건 아무것도 없다. 지금의 상태가 앞으로의 상태는 아니다. 뭐든지, 누구든지 발전 가능성이 있다.

당신은 글자 그대로 마음을 바꿀 수 있다.

성장형 사고방식growth mindset을 선택한다면 주어진 기회 안에서 원하는 결과를 기대할 만하다. 당신 안에는 배우고 발전할 능력이 있다는 사실을 본능적으로 알고 있다는 것이니 말이다. 성장형 사고방식을 추구하는 사람들은 계속해서 능력치를 최대치로 발휘하고, 심지어 상황이 좋지 않을 때도 절대 포기하지 않는다.

기준을 높게 잡는다

스스로 정한 기준이 삶의 질에 거대한 영향을 끼친다. 만약 한계를 시험하며 나아가지 않는다면 배우거나 성장하기 어려울 것이다. 기준을 낮게 잡으면 잠재력을 최대한으로 끌어내기 어렵다. 그 기준은 자신과 타인을 대하는 방식에도 반영된다.

기준을 높게 잡았을 때 역효과가 발생할 수도 있다. 이를 방지하기 위해 중요한 일과 그렇지 않은 일 사이의 균형점을 찾아야 한다. 심지어 힘든 시기를 겪거나 어려운 일을 만나도 기준선을 낮추지 말라. 기준은 높아야 한다. 타협하지 않는 선을 유지하라.

누구나 힘들다

힘든 일은 나뿐 아니라 누구에게나 힘들다. 누구나 힘들고 싫은 일을 인내하며 해야 할 때가 있다. 심지어 빌 게이츠도, 토니 로빈슨도 그랬다. 그러니 당신도 그 일을 해야만 한다.

힘든 일을 하면 어떤 장점이 있을까? 하나는 발전하고 있다는 사실을 깨닫기 시작하면서 자신감을 쌓을 수 있다는 것이다. 업무의 종류와 상관없이, 발전하고 있다는 사실을 아는 것보다 더 큰 동기는 없을 테다. 남들이 당신의 발전을 알아본다면 더 효과적일 것이다.

절대 포기하지 않는다

어떤 일이든 목표와 관계가 되어 있다면 '성장'에 초점을 맞추어야 한다. 익숙하지 않은 상황에 스스로를 노출시키면 기존의 지식을 뛰어넘는 일련의 기술을 확장할 기회를 얻을 수 있다. 멘탈력이 강한 사람들은 성장형 사고방식을 추구한다. 그들은 능력이 고정된 게 아니라 자신은 뭐든 할 수 있으며 아무리 새로운 기술도 얼마든지 배울 수 있다고 확신한다. 아무리 힘들어도 그 믿음을 고수한다.

멘탈이 강한 사람들은 포기를 모른다. 그들은 단점을 그저 '개선이 필요한 영역'으로 보고, 좌절할 때마다 새로 배울 기회로 삼는다. 성장형 사고방식은 긍정적인 태도를 갖추기 위한 필수 요소다. 또한 끊임없이 발전할 수 있다는 믿음을 바탕으로 한다. 멘탈력을 키우기 위해서는 과거에는 불가능했지만 결국에는 성취할 수 있다고 믿어야 한다. 이는 자신감 상승에도 도움을 주고 힘든 일을 만나도 계속해서 나아가겠다는 의지를 북돋아준다.

배우기를 멈추지 않는다

뇌는 계속해서 연결된다는 사실을 알고 있는가? 이를 신경 가소성이라고 한다. 성장형 사고방식을 받아들이면, 문제를 더 잘 해결하는 뇌로 훈련시킬 수 있다. 성장형 사고방식이 있다면, 헌신하고 노력하는 태도를 유지한다면 가장 기본적인 능력을 개발시킬 수 있다. 뇌와 재능은 단지 시작점일 뿐이다.

성장형 사고방식을 받아들여라. 그러면 실수와 좌절이 오히려 배움의 기회가 될 것이다. 도전하고 배우기를 즐기게 되기 때문에 결과보다는 익히는 과정에 집중하게 될 것이다. '목표를 이루었는가', '완벽한 결과가 나왔는가'보다는 '무엇을 배웠는가', '얼마나 성장했는가'를 음미할 줄 알게 될 것이다. 실수란 곧 배우고 발전할 기회라는 사실을 알기에 실수해도 마음을 다스릴 줄 알게 된다.

스스로를 바라보는 방식에도 성장형 사고방식을 적용할 수 있다. 과거에 이루었던 성과에서 벗어나 한 사람으로서 스스로 무엇을 배웠는지, 그리고 얼마나 성장했는지에 초점을 옮기게 된다.

재능보다는 끈기가 필요하다

흔히 '지구력'이라는 단어를 스포츠 관련 용어라고 치부하는 경향이 있다. 하지만 삶에도 지구력이 필요하다. 결코 포기하지 않고 불쾌하고 힘든 과정과 상황을 견뎌낸다면 무엇을 성취하게 될지 상상해보자.

지구력은 어떻게 발견하는 것일까? 몸이 피곤해도 계속 나아가는 방법은 무엇일까?

좌절과 어려움, 고난을 겪는다 해도 필연적으로 고통이 따라오는 것은 아니다. 그저 단순히 밀고 나가보자. 지겨울지도 모른다. 어쩌면 아플 수도 있고, 당장에는 눈에 보이는 보상이 없다고 생각될 수도 있다. 하지만 인내하고 버텨보자. "끈기가 재능을 이긴다"는 말은 분명 진실이다.

모든 경험에는 반드시 보상이 따른다

힘든 상황에 부닥쳤는가? 어떤 어려움을 겪고 있든지 간에 그 경험에는 반드시 보상이 뒤따른다. 스트레스받는 이유에 대해 부끄러워할 필요가 없다.

당신이 이미 회복한 방식에 대해 생각해보라. 인생에서 가장 힘들었던 때와, 당시를 어떻게 지나왔는지 떠올려보는 것도 좋은 방법이다. 어쩌면 당신은 이미 회복 탄력성에 대해 많이 알고 있을지도 모른다. 당신이 가진 힘을 파악하고 활용하라. 앞에 무엇이 있든 뚫고 나가기 위해서 장점과 경험을 최대한 활용하라.

스트레스는 삶의 기본값이다

사람이라면 누구나 다 스트레스를 받는다. 스트레스를 누구도 피해갈 수 없는, 일상의 일부분이라고 보는 편이 낫다. 다만 멘탈력이 강하다면 남들보다 스트레스와 압박감에 더 잘 대처할 것이다. 당신도 그렇게 할 수 있다.

'스트레스'는 무언가를 왜곡 또는 변형시키는 상당한 크기의 힘을 묘사하는 물리학과 공학에서 빌려온 용어다. 의학에서는 위협이나 압박을 느꼈을 때 몸이 보이는 반응을 일컫는다. 흔히 스트레스를 부정적인 단어로 생각하는데, 긍정적으로 여길 수도 있다. 더 높은 수행 능력이 필요할 때, 스트레스가 도움이 되기 때문이다. 스트레스는 기억력을 높이고 기분을 고양시키기도 한다.

시간과 에너지를 더 투자해야 하는 일 앞에서 "아니오"라고 대답해도 된다는 사실을 기억하라. 특히 그 일이 당신에게 타격을 줄 만하다면, 타인의 기대에 맞출 필요는 없다.

타인과 사회를 위한 목표를 정한다

당신의 목표는 무엇인가? 목표에 대한 정의, 목표를 이루기 위한 단계를 세분화하는 능력은 정신적 회복 탄력성을 키우는 데 도움이 될 것이다. 목표는 크든 작든, 혹은 건강이나 행복, 직업, 돈, 영성 등 어떤 부분과 관련이 있든 상관없다.

새로운 기술을 익혀야만 이룰 수 있는 목표라면, 더 큰 보상이 기다리고 있다는 사실을 기억하자. 봉사활동 같은 개인적인 목표를 이루기 위해 노력하는 것은 회복 탄력성 고양에 특히 더 도움이 된다. 이런 목표는 목적과 연대감을 더 깊이 느끼게 하기 때문이다. 이런 경험들이 어려운 시기를 건너는 당신에게 귀중한 경험을 선사할 것이다.

자신과 주변을 뛰어넘어 지역과 공동체에 영향을 줄 만한 목표를 적어보자.

열정을 일으키는 일들을 찾아라

한계를 뛰어넘어 더 기꺼이 나아가서라도 꼭 이루고 싶은 일들을 모두 나열해보자. 이런 일들이 바로 실패하거나 좌절하더라도 계속 노력하고, 실수해도 배움을 얻을 만한 것들이다.

열정이 행동의 원인이 아닌 행동의 결과라는 사실을 이해하라. 지금에 안주한다면 열정을 찾을 수 없다. 이런저런 시행착오가 일어나는 과정을 거쳐야 한다. 만약 당신만의 사고방식을 고집한다면, 이는 그 일에 열정이 없다는 반증이다.

당신을 한 걸음 더 나가게 하는 일은 무엇인가?

이유가 합리적이라면 포기해도 된다

하던 일들을 그만두고 싶을 때, 진짜 문제의 핵심을 파악하도록 돕는 일련의 질문들을 나열해보자. 그 질문에 대답함으로써 그만두고 싶은 이유가 감정적인 충동 때문인지 아니면 이성적인 결정에서 온 것인지 이해할 수 있다.

때로는 포기가 합리적인 옵션일 수 있다. 하지만 결과가 중요한 일이라면, 이쯤에서 그만두는 편이 합리적인지 곰곰이 고민해보아야 한다. 그만두고 싶은 이유가 무엇인가? 당신의 불편한 마음은 적절히 보상받았는가?

그 일이 중요했던 이유는 시간이 지나면서 쉽게 잊힌다. 목적을 이뤄나가는 과정에서 그 이유를 포기했을 수도 있고, 애초에 해당 일을 달성하려던 이유를 잊어버렸을지도 모른다. 목표를 다시 떠올려보라. 만약 그 목표가 여전히 중요하다면, 계속 나아가겠다고 결단할 수 있을 것이다. 그렇지 않다면 합리적으로, 자신 있게, 후회 없이, 포기하겠다고 결정하라.

변화의 열쇠는 일관성에 있다

스스로 자신감이 부족하다고 느끼는가? 이는 아마도 장점보다 단점에 더 집중했기 때문일 것이다. 이럴 때는 장점과 재능, 성과 목록을 작성해보자. 자신에 대해 솔직하게 적은 그 목록을 매일같이 읽으면서 자신의 훌륭한 점을 상기시켜보자.

종이에 적은 그 글을 잘 보이는 곳에 붙여보자. 예를 들면, "나는 아름답고 재능이 많다" 같은 말들을 적는 것이다. 얼핏 뻔해 보이지만 효과는 좋다. 자신감은 일상적인 생각, 특히 반복되는 생각에 특히 큰 영향을 받기 때문이다.

변화의 열쇠는 '일관성'에 있다. 자신감을 높이고 싶다면 당신만의 독특한 재능이나 능력을 계속 떠올려라.
이를 습관화하라.

자신을 둘러싼 상자 밖으로 나와라

'안전지대'란, 편안하고 안락하다고 느끼는 공간이다. 자신의 능력을 시험하지 않아도 되고, 이미 익숙한 방법이 통용되며, 루틴이 통하는 곳이다. 스트레스와 불안감을 느낄 필요도 없고, 그 환경을 완벽하게 통제하고 있다고 느낀다. 안전지대에서는 자신을 밀어붙이거나 있는 줄도 몰랐던 능력을 발견하기는 어렵다. 만약 어떤 일을 새로운 방법으로 해결해보고 싶다면 스스로 가둔 상자 밖으로 나와야 한다.

선택이 필요한 순간이 올 때마다 안전하고 편안한 반응, 위험하고 불편한 반응을 각각 하나씩 적어보자. 위험하고 불편한 길이 더 많은 가르침을 주고 더 크게 성장시킨다는 사실을 깨달을 수 있을 것이다. 그러니 당신은 그 길을 선택해야 한다.

당신의 존재 이유는 무엇인가?

인생의 목적과 존재 이유를 이해한다면, 목표에 닿기 위해 더 깊이 헌신하게 될 것이다. 그리고 원하는 인생에 못 미치는 지점에서 안주할 필요가 없음을 깨달을 것이다. 당신의 최종 목표가 남을 위해 일한다든가 누군가의 보조 역할에 머물 가능성은 희박하다.

목표는 열정이라는 연료를 공급할 것이다. 열정이 뜨거울 때, 당신의 결단도 단단하게 굳을 것이다.

스스로에게 질문해보자. 당신의 존재 이유는 무엇인가?

통제 가능한 것에 집중하라

인생에서 가장 큰 방해물이 당신 자신이라는 사실을 아는가? 일을 제대로 하지 못하는 데에는 별별 이유가 다 있을 테고, 그 이유들의 대부분은 당신의 통제 밖에 있을 것이다. 그렇다면 통제할 수 없는 것에 집중하기보다는 스스로 통제 가능한 것을 관리하는 편이 나을 것이다. 바로 당신 자신이다!

그 일을 왜 하는지, 이유를 생각하면서 자신만의 방식에서 벗어나려 노력하라. 인간은 아무 이유도 없는 일을 하기 싫어하게 마련이다. 그러니 이유를 떠올려보자. 무슨 일을 맡았든지 간에 틀림없이 더 큰 목적이 있을 것이다. 멘탈력이 강해지려면 부단한 연습과 마음 챙김mindfulness이 필요하다. 자신만의 임무이자 목적, 이유가 무엇인지 깊이 이해해야 한다. 그리고 가끔은 당신만의 방식에서 벗어나 일이 그저 벌어지게끔 놔두는 법도 배워야 한다.

오늘은 스스로에게 이 질문을 던져보자. 당신의 목적은 무엇인가?

익숙한 것은 나를 성장시킬 수 없다

사람은 흔히 익숙한 것에 집착하는 경향이 있다. 매번 똑같은 음식점에 가 같은 메뉴를 시킨다든가, 익숙한 친구와 똑같은 방식으로 논다. 심지어 예상 가능하다는 이유 때문에 건강하지 못한 관계를 계속 유지하기도 한다.

불확실하면 왠지 불편하기 때문이다. 대부분은 가능하면 그 불편함을 피하려고 애쓴다. 불편한 감정을 즐기거나 불확실한 일에 노출되기를 좋아하는 사람은 없다. 누구나 위험 부담이 적고 예측 가능한 일을 선호하게 마련이다. 문제는 안전지대 안에만 머문다면 귀중한 교훈을 배울 수 없다는 점이다. 만약 새로운 시도를 꺼리거나 미리 계산된 위험을 감수할 용기가 없다면 이는 성장할 기회를 스스로 뺏는 셈이다.

불확실한 일에서 스스로를 보호하려고만 든다면 멘탈력을 개발할 좋은 기회를 잃을 것이다. 사고방식mindset은 마치 근육 같아서 정기적으로 운동을 해야 한다. 일상적으로 안전지대에서 벗어나는 연습이 필요하다.

두려움에 맞서
목표에 다가가기

제9장

241 ~ 270

믿기 힘들겠지만, 가장 힘겹게 얻은 승리가 가장 큰 만족 감을 준다.

그러니 얼마나 위험한 여정이든지 간에 그에 감 사하라.

만약 계속 가기로 결정했다면 최대한 버텨라.

분명 아름다운 결과를 마주할 수 있을 것이다.

실현 불가능한 아이디어는 쓸모없다

쥐 가족이 다 같이 모여 고양이를 물리칠 방안을 찾기로 했다. 토론 과정에서 이런저런 의견이 오고 간 끝에, 어린 쥐가 아이디어를 냈다. 고양이 목에 방울을 달면 가까이 다가올 때마다 소리가 날 테니 도망갈 시간을 벌 수 있다는 안이었다. 다들 굉장히 좋은 의견이라며 반색을 했다. 이때 한 나이 든 지혜로운 쥐가 의문을 던졌다. 이론은 좋으나 문제가 하나 있다고 말이다. 그는 질문했다. "고양이의 목에 방울은 누가 달 텐가?"

··· 교훈 ···

실현 가능성 없는 아이디어를 제안하기는 쉽다. 아이디어가 많다면 문제를 해결하는 데 도움이 될 수 있겠지만, 실현 가능한 아이디어 하나가 훨씬 필요하다. 통하지도 않는 방법을 마구잡이로 던지는 것은 좋은 생각이 아니다. 기억하라. 사람들은 많은 문제가 아닌 빠른 해결을 원한다.

변화를 피하지 말라

성공한 사람들은 위험을 감수한 이들이다. 원하는 바를 얻기 위해 능력을 십분 발휘하고, 기꺼이 위험을 무릅쓴 사람들이다. 위험을 자주 감수한다면 즐거운 경험들이 쌓이고, 긍정적인 감정을 자주 느낄 것이다. 위험할 때마다 계속 피한다면 변화가 필요할 때마다 숨이 막히고 경직될 것이다. 그러니 상황이 조금만 변해도 스트레스를 심하게 받게 된다. 계속 일어나는 것은 '변화'밖에 없다.

변화를 아무리 피하려 노력한다 해도 언젠가는 일어날 것이다. 그러니 변화를 기꺼이 받아들여라.

최신 기계의 도움을 받는다

멘탈력 개발에 테크놀로지를 활용하는 것이 도움이 될 수 있다. 이미 시중에는 굉장히 멋진 기계들이 가득하다. 펄스 옥시미터pulse oximeter는 시계처럼 손목에 차는 장치로, 몸 전체에 산소를 얼마나 잘 보내고 있는지 확인할 수 있다. 이는 외과적 시술이 필요한 것이 아니라서 통증도 없는데다가, 산소 포화도나 혈중 산소 농도를 측정해준다. 다리나 팔처럼 심장에서 멀리 있는 부위까지 산소가 얼마나 효율적으로 잘 전달되고 있는지, 아주 작은 변화까지도 효과적으로 감지한다.

신체 상태, 특히 산소 농도에 대해 더 잘 이해할 수 있다면 항상 깨어 있는 상태가 되어 집중력을 유지하는 데 도움이 될 것이다.

변화를 선택하라

만약 늘 하던 것만 한다면, 매번 얻던 것만 얻게 될 것이다.

만약 늘 어려운 대화를 피해 다닌다면, 만족스럽지 못한 사람들과 같이 일하게 될 것이다.

만약 늘 남을 탓하는 버릇이 있다면 절대 주도권을 쥐지도 못하고 당신의 가장 좋은 모습을 보이지도 못할 것이다.

모든 일은 당신의 개입이 있기 전까지, 즉 새로운 길을 선택하기 전까지 계속 반복된다. 만약 무언가 놓쳤다는 생각이 든다면, 언제든 어디서든 변화를 선택해보라.

오직 당신이 당신을 행복의 길로 이끌 유일한 사람이다.

두려움에 기꺼이 맞서라

자신감이 부족한 이유에는 두려움이 뿌리내리고 있을지도 모른다. 결과를 몰라 무섭다면, 확실하지 않은 일에 나서지 않게 될 것이다. 두려움에 정면으로 맞서지 않는다면 그 두려움이 점점 당신을 조종하고 당신 안의 의심의 목소리를 더 크게 키울 것이다.

두려움에 맞섰던 경험과, 그 후에 무엇을 느꼈는지 회상해보자. 어쩌면 자유롭고 자랑스럽다는 기분이 들었을지도 모른다. 심지어 그 일을 다시 하고 싶었을 수도 있다.

매일 혹은 일주일에 한 번, 한 달에 한 번쯤 두려워하던 일을 시도해보자. 그 시도 이후에 자신감이 얼마나 빨리 성장하는지 지켜보라.

좋은 습관을 삶의 일부로 삼아라

'전념하겠다'는 결심은 특정 업무를 쟁취하겠다는 약속일 뿐 아니라 시간과 에너지를 열정적으로 쏟아보겠다는 결단이다.

매일 최소 3주 이상 새로운 좋은 습관을 반복해보자. 100퍼센트 충실히 이행한다면 새로운 습관을 들이는 데 성공할 가능성이 아주 높다. 긍정적인 사고방식은 그 어떤 장애물이나 어려움, 좌절도 이겨낼 수 있게 도와준다. 힘든 일은 늘 생긴다. 하지만 당신의 결심이 단단하고 낙관적인 자세와 긍정적인 태도로 임한다면 금세 대처할 수 있을 것이다.

새로운 좋은 습관을 삶의 일부로 들여오라. 동시에 주요 목표에 계속해서 집중하라.

자신을 용서하는 습관을 들여라

용서란 당신을 해코지한 누군가를 향한 분노, 보복에 대한 원망과 욕망 같은 감정들을 내려놓기 위한 의도적인 결정이다. 하지만 타인을 용서하기란 상대적으로 쉬울 수 있다. 어쩌면 당신은 남들보다 자기 자신에게 더 엄격하게 굴지도 모른다.

누구나 실수를 저지른다. 잘못에서 배우고, 내려놓고, 앞으로 나아가며, 스스로를 용서하는 방법을 익히는 것이 중요하다. 자신을 용서하는 데 익숙하지 않을 수도 있다. 하지만 만약 정진하고 싶다면 반드시 거쳐야 할 관문이다. 스스로를 비난하는 것은 생산적이지 않을 뿐더러 더 나쁜 영향을 도미노처럼 몰고 올 확률이 높다.

스스로를 용서하는 태도가 자연스러워질 때까지 계속 연습하라. 모든 건 시간이 걸린다.

과거는 과거일 뿐이다

살아오면서 후회스럽거나, 가능하다면 바꾸고 싶은 결정을 내렸을 때가 있을 것이다. 과거의 실수는 현재의 우리를 계속 괴롭히기도 하고, 앞으로 나아가지 못하게 막을 때도 있다. 아마도 당신은 처참한 상황을 받아들여야 할지도 모른다.

그 어떤 경우라도 지금 할 수 있는 일에 집중하자. 지금 바꿀 수 없는 것들은 그저 수용하자. 지나간 일에는 아무것도 할 수 없다. 하지만 오늘 당신의 삶은, 더 나아지도록 할 방법이 있다. 현재 기분은 건강한 식습관, 수면의 질, 규칙적인 운동 수준 등에 영향을 받는다.

친한 친구를 대하는 다정한 태도로 과거 실수를 용서해보자. 그 실수에서 얻을 수 있는 교훈들을 찾아보고, 이미 일어난 일은 어쩔 수 없다는 사실을 받아들여라.

긍정적인 면에 집중하라

뇌는 긍정적인 경험보다는 부정적인 경험을 더 중요시한다. 어쩔 수 없이 부정적인 경험이 더 강하게 기억된다.

'부정적인 편견'이란 해답을 찾기 힘든 상황 앞에서 뇌가 두렵고 초조해지기 쉽다는 뜻이다. 부정적인 면에 집중하고 그것만 보도록 인식시킨다. 알아차리기도 전에 아무런 도움이 되지 않는 악순환의 고리에 빠지게 만든다.

다행인 점은, 그 반대도 성립된다는 사실이다. 긍정적인 면에 집중한다면 긍정적인 결과를 얻게 될 것이다. 그러니 희망적이고 낙관적인 견해를 계속 유지하기 위해 노력하고 부정적인 결과보다는 긍정적인 결과를 기대하라.

시각화하라.

더 밝은 전망을 품는 데 아주 유용한 기술이다.

실패에서도 감사할 것을 찾아라

가지고 있지 않은 것보다 가지고 있는 것에 집중하라. 매일 감사하는 마음을 새기는 자세는 실로 강력한 치유의 힘이 있다. 이 힘은 실패와 좌절에도 적용된다. 이미 일어난 일에서 무엇을 배울 수 있었는지 떠올려보고 이에 감사하는 방법을 찾아라.

믿기 힘들겠지만, 가장 힘겹게 얻은 승리가 가장 큰 만족감을 준다. 그러니 얼마나 위험한 여정이든지 간에 그에 감사하라. 만약 계속 가기로 결정했다면 최대한 버텨라. 분명 아름다운 결과를 마주할 수 있을 것이다.

우선순위를 정하라

중요한 일을 제일 먼저 하자. 두 번째로 중요한 일은 두 번째로 놔두자.

모든 일이 중요한가? 그 말은 즉 그 가운데 중요한 일은 없다는 뜻이다. 시간과 관심을 할애해야 하는 것, 원하는 것, 목적의식을 느끼는 것에 집중하라.

목적이 뚜렷하다면 더 활기차고 의욕이 생길 것이다.

멘탈력이 돌파력을 키운다

계획처럼 되는 일이 하나도 없고, 그냥 다 놓아버리고 싶을 때가 올 것이다. 이는 의심의 여지가 없다. 이런 시기는 인생에서 가장 결정적인 시기에 올 테고, 이때 내리는 결정은 평생 당신에게 영향을 끼칠 것이다.

강인함fortitude(불확실한 일이나 역경을 만났을 때 집중하고 해결 방안을 찾는 능력)은 당신을 궁극적으로 한 인간으로 만든다.

위대한 사람들은 어려운 상황 앞에서도 강인함을 보인다. 만약 어려운 일이 주는 압박감에 굴복하거나 인내심을 잃어버린다면 이는 곧 빠른 포기로 이어질 수 있다. 성공하려면 멘탈력이 필요하다. 멘탈력은 인내심과, 창의성, 탐구 능력, 실행력으로 키울 수 있다.

그 어떤 역경 앞에서도 꿋꿋이 버틸 수 있는 멘탈력을 개발한다면, 두려움의 강도도 자연스럽게 줄어들 것이다.

내 편을 확보하라

　수많은 요소가 회복 탄력성에 영향을 준다. 그중에서 가장 중요한 요소는 '가정 안팎에서 진심 어린 응원을 보내는 이들과 좋은 관계를 맺고 있는가'이다. 관심을 보여주고 당신을 아껴주며 격려와 응원을 건네는 사람들은 당신의 회복 탄력성을 발달시키는 데 도움을 준다.

　다른 요소들은 스스로 개발할 수 있다. 예를 들면 현실적으로 계획을 짜고, 실현 가능한 단계들을 세우고, 긍정적인 사고방식, 자신의 능력을 믿고 자신감을 가지는 것, 커뮤니케이션 능력을 키우고, 문제 해결력을 높이는 것, 강력한 감정과 충동들을 관리하고 조절하는 능력 같은 것들이다.

당신의 운명은 당신 손에 있다

당신은 직접 운명을 결정할 힘을 가지고 있다. 이를 인지한다면 더 행복하고, 건강하며, 생산적으로 일하게 될 것이다. 당신이 결과에 발언권이 있다고 느낀다면 그 어떤 힘든일도 좀 더 견딜 만해질 것이다.

만약 무기력에 빠져 상황을 바꾸기 힘들다면 더 스트레스받고 초조해진다. 무력감은 원래 위협적이기 때문이다. 인생을 더 잘 통제하겠다고 결심한다면, 중요한 결정을 앞두고 두려워하거나 어려운 일을 겪게 되더라도 계속 정진할 힘이생긴다.

생각의 프레임을 다시 짜보자. 어려움을 멀찍이서 바라보고, 당신이 운명을 통제할 수 있다는 점을 잊지 말자.

정말 중요한 질문 한 가지만 남기라

스트레스가 심하고 상황이 힘들어도 희망적인 부분을 찾아낼 수 있다. 이 능력은 긍정적인 점이라고는 하나도 없는 상황에서도 긍정적인 감정을 일으키도록 돕는다.

희망을 찾아내려는 자세는 부정적인 감정에 대응하고, 스트레스를 줄이며, 스트레스를 주는 사건에서 빨리 벗어나 회복하도록 돕는다.

스스로에게 가장 중요하고 근본적인 질문을 던져보자. 이는 선택의 폭을 줄여주고 진짜 문제에 다가갈 수 있도록 한다. 그러면 의사 결정 과정이 훨씬 더 쉬워질 것이다.

자신에게 물어야 할 정말 중요한 질문은 무엇인가?

지금, 이 순간

혹시 기분이 우울하거나 가벼운 우울증을 앓고 있는데 과거 혹은 미래의 특정 문제에만 매달린다면, 증상은 더 심해질 것이다. 최대한 현재에 머무르려고 노력하라. 당신이 바꾸거나 조절할 수 없는 문제만 바라본다면 더 불안해지고 스트레스받을 수 있다. 현재의 당신이 바꿀 수 있고 영향을 줄 수 있는 것에 집중하는 것이 해답이다.

옳은 질문

어떤 문제나 사건이 발생했는데 도저히 해답을 찾을 수 없다고 가정해보자. 머릿속에 온갖 시나리오와 선택지가 떠다녀도, 앞으로 나아갈 수 있는 가장 좋은 방법을 모르겠다면 어떻게 해야 할까.

그럴 때는 잠시 멈춰라.

멈추고 생각하라. '내가 지금 생각해야 할 진짜 문제는 무엇일까?', '이 모든 것 뒤에는 뭐가 있을까?' 옳은 질문을 찾으려는 노력이 많은 대답을 찾는 것보다 훨씬 더 유용하다.

자신에게 중요한 근본적인 질문을 던진다면, 선택의 폭을 줄이고 핵심적인 문제에 다가갈 수 있게 된다. 그러면 의사 결정 과정은 훨씬 더 수월해질 것이다.

자신에게 물어야 할 정말 중요한 질문은 무엇인가?

실패에서 좋은 점들을 찾아내라

　실패의 좋은 점들을 어떻게 찾을 수 있을까? 누군가는 실패를 경험하자마자 이를 곱씹어보라고 제안할지도 모른다. 하지만 방금 실패했다면 부정적인 감정이 생각을 흐릴 수 있다. 만약 실패 때문에 여전히 마음이 언짢은 상태라면 그 일에서 무언가를 얻기 어렵다. 또 같은 실수를 반복하지 않을 효과적인 방안을 떠올리기도 쉽지 않을 것이다.

　과거의 힘든 일들 가운데 더는 미련이 남지 않는 경험들을 반추해보고 그 일에서 얻을 만한 좋은 점들을 찾아보자. 그러다 보면 다음에 힘든 일을 겪어도 그 안에서 좋은 점을 더 빨리 찾을 수 있게 된다. 실패로부터 배운 점들의 목록을 적어보는 것도 좋은 방법이다. 예를 들어, 중요한 마감 날짜를 지키지 못했던 기억이 있다고 치자. 이를 통해 우선순위를 좀 더 명확히 세우고 일을 분산시키며 완벽주의 성향을 내려놓는 법을 배울 수 있었을 것이다. 생각해낼 수 있는 실패의 장점을 최대한 많이 떠올려보라.

실패는 새로운 관점을 제시한다

나는 '실패'라는 단어를 잘 사용하지 않는다. 단어 자체가 꽤 부정적이기 때문이기도 하지만, 일이 뜻대로 되지 않는다고 해서 '실패'라는 단어를 씌우기에는 그 행동이 배우고, 발전시키고, 다시 앞으로 나아갈 훌륭한 기회이기 때문이다. 이 때문에 나는 실패를 두 팔 벌려 환영한다. 실패는 새로운 관점을 제시한다. 다시 집중할 수 있도록 도와주고, 새로운 해법과 전략을 찾도록 돕는다. 시도하는 모든 일마다 순조롭다면 어떻게 될까? 그 무엇도 배울 수 없을 것이다! 실패는 인생의 가장 좋은 스승이다.

최근에 계획대로 되지 않은 일이 있는가? 이를 포기할 이유가 아니라 성장하고 발전할 기회로 볼 수 있는가? 일을 바로잡을 수 있을 때까지 열심히 계속 시도하자.

어떤 실패 안에도 긍정적인 면모가 숨어 있다

얼핏 부정적인 상황이라고 해도 그 안에서 긍정적인 면모를 찾는 연습을 게을리하지 말아야 한다. 우선 최근에 겪은 안 좋은 경험을 떠올려보자. 처음부터 최악이었던 끔찍한 경험으로 연습하는 것은 추천하지 않는다. 이 훈련에 익숙해지면 점차 심각한 경험 안에서 긍정적인 면을 찾는 것도 시도해보자.

이제 당시에 어떻게 대처했어야 더 나았을지 그 잠재적인 방법들을 브레인스토밍해보자. 그때는 떠올리기 어려웠겠지만 지금은 더 나은 여러 가지 옵션들이 생각날 것이다. 그 상황을 완전히 고칠 수는 없겠지만 까다로운 상황에서 보다 유연하게 대응할 방법을 개발할 수는 있다. 다음에 비슷한 일을 겪었을 때 이번에 떠올린 여러 가지 긍정적인 방법들을 활용해볼 수 있을 것이다.

안전지대 밖은 무한한 가능성으로 가득하다

일단 안전지대에서 벗어날 용기를 냈다면, 이는 바로 당신은 당신의 예상보다 성취 능력이 뛰어나다는 것을 증명한 셈이다. 그리고 그 경험은 스스로를 바라보는 방식을 변화시킬 것이다. 더 나아가 안전지대 밖으로 나설 때마다 자신감이 상승할 것이다. 그리고 그 커진 자신감은 안전지대 밖으로 계속해서 나아가게 도울 것이다. 이때마다 당신은 스스로의 한계를 반복해서 증명하게 될 것이다.

소양을 습관적으로 쌓아야 한다

2,500년 전 소크라테스와 플라톤, 아리스토텔레스 같은
그리스 철학자들이 가르쳤던 삶의 방식들과 귀한 교훈들은
오늘날에도 여전히 큰 의미를 지닌다. 동기를 유발시키고 소
양을 쌓는 습관을 기르기 위해 그들의 명언을 찾아 새겨라.

만약 업무 수행력을 높이고 싶거나 경쟁자를 이기고 싶다
면 끊임없이 자기 소양을 쌓아야 한다.

집중력을 키워 목표에 다가서라

집중은 강렬한 관심이자 빛나는 스포트라이트다. 집중하다 보면 그것만 보인다. 생각과 행동이 일치할 때 우리는 '집중하고 있다'고 말한다. 당신의 시선이 하고 있는 일과 무관한 곳으로 옮겨갈 때, 집중력을 잃고 산만해질 것이다.

집중은, 모든 방해 요소를 제거하고 당면한 과제와 목표에 매진하도록 돕는다. 집중력을 방해하는 요소들을 잘 파악해서 집중력을 키우자.

발전의 가장 큰 방해 요소는 자신이다

어떤 삶을 바라는가? 원하는 삶은, 당신이 하고 싶지 않아 하는 것 너머에 있다.

사람은 누구나 자신을 불편하게 하는 것들을 피하게 마련이다. 그러나 현재 상황이 계속 똑같이 유지된다면 발전은 요원할 것이다. 목표를 성취하지 못하게 막는 것들은 보통 외부가 아닌 내부에 있다. 흔히 다른 요소들이 길을 막고 있다고 생각하기 쉽지만 이는 사실이 아니다. 가장 큰 방해물은 다름 아닌 자기 자신이다.

무엇을 피하거나 미루고 있든 상관없이, 그것이 바로 발전을 방해하는 가장 큰 요소다. 다음 빈칸을 채워보자.

"내가 _____만 할 수 있었다면 목표를 이뤘을 텐데."

자신감이 성과를 만든다

자신감은 건강한 자아상과 직접적인 연관이 있다. 스스로를 바라보는 관점이, 성과를 내는 데 필요한 능력과 기술이 자신에게 있다고 확신하도록 만든다. 자신감이란 무엇을 언제 해야 하는지 알 수 있는 느낌이다. 자아상과 자신감은 오랜 시간이 차곡차곡 쌓여 발전한 것이다. 자신감의 수준과 실제로 할 수 있는 업무 능력 간의 간극을 늘 경계하라.

말을 줄이면 귀가 열린다

1세기 그리스 철학자이자 전기 작가인 플루타르코스는 "타인의 말을 잘 듣는 법을 배우면 최악의 상황에서도 긍정적인 면을 발견할 것이다"라고 말했다.

어쩌면 당신은 너무 많은 말을 하고 너무 적게 듣고 있는지도 모른다. 주변 사람들의 말을 더 집중해서 듣는다면, 타인의 아이디어와 문제, 욕망 등을 더 잘 이해하게 된다.

'적극적 경청'을 연습해보자. 즉 상대의 문제의 뿌리를 이해하기 위해 개방형 질문을 던지는 것이다. 더 많이 질문하고 더 많이 들을수록 더 많은 정보를 얻게 되어 어떻게 말해야 할지 알게 될 것이다.

종종 우리보다 앞서 인생을 경험한 선배들로부터 최고의 조언을 받는 경우가 있다. 그들은 올바른 항로를 찾기 위해 거친 파도를 성공적으로 항해할 줄 안다. 우리가 지금 겪는 고난들은 모두 새로운 것들이 아니다. 단지 인간의 조건일 뿐이다. 우리가 고대 그리스인들에게서 배울 수 있는 교훈은 2,000년 전이나 지금이나 여전히 유의미하다.

목표에 100퍼센트 헌신한다

목표에 100퍼센트 헌신한다는 것은, 그 목표가 당신이 집중하는 단 하나의 대상이라는 의미다. 즉 목표를 이루기 위해서라면 모든 감정적 에너지를 견딜 수 있다는 뜻이다. 당신에게는 하나의 행동 방침만 있기 때문이다. 100퍼센트 전념하고 있지 않다면, 두려운 마음이 슬금슬금 스며들어 당신의 에너지를 없애버릴 것이다. 99퍼센트만 쏟아부어도 에너지는 다른 옵션과 시나리오를 떠올릴 테고, 이는 곧 실패로 이어질 것이다. 여러 옵션을 생각하지 말자. 집중력을 100퍼센트 발휘해 해당 목표에 전념하자.

도전과 역경은 새로운 가능성과 기회다

어려운 일을 맞닥뜨릴 때마다 이를 의지와 결단력을 증명하고 개발할 기회로 받아들이자. 멘탈력은 역경을 겪어도 흔들림 없이 집중력과 결단력을 발휘하는 능력을 말한다. 멘탈이 강한 사람은 도전과 역경을 위협이 아닌 기회로 본다. 그리고 어떤 일이 닥쳐도 잘 대응할 수 있다는 자신감과 긍정적인 자세를 유지한다.

어떤 일 앞에서도 기회를 보는 가장 좋은 방법은 '지금, 여기'에 계속 집중하는 것이다. 아무리 어려운 일이 일어나도 '지금, 여기'라는 맥락으로 그 일을 바라본다면 훨씬 수월하게 해결할 수 있고, 이 경험으로 배움을 얻고 앞으로 나아갈 수 있을 것이다.

하다 보면 하게 된다

"하다 보면 하게 된다"는 말이 있다. 사실일까? 의외라고 생각할지 몰라도 이 말에는 진실이 담겨 있다.

만약 자신감을 키우길 원한다면 당신을 제한하는 것들을 정확하게 파악해야 한다. 그러면 자신감이 높아질 것이다. 혹시 초조함과 불안함을 느끼고 있다면 잠시 가만히 있자. 눈을 감고, 스스로 가장 자신감과 확신이 차 있었던 순간을 떠올려보자. 그 당시로 돌아가기 위해 모든 감각을 총동원하라.

그러면 현재에 그 감정을 다시 느낄 수 있게 될 것이다. 자신감을 북돋아주는 자세를 취해보라. 입으면 기분이 좋아지는 옷을 입자. 만약 거울에 비친 내 모습이 마음에 든다면 자신감이 생길 것이다.

실패가 쌓여 성공으로 돌아온다

농구 스타인 마이클 조던이 자신이 놓쳤던 슛 찬스, 진 경기와 실패에 대해 이야기한 적이 있다. 그는 그런 경험들이 원동력이 되어 결국 성공할 수 있었다고 고백했다.

실패를 어떻게 바라보느냐에 따라 실패로부터 무엇을 배울 수 있을지 결정된다. 명심하자, 실패의 경험은 멘탈력을 개발하는 데 놀랍도록 긍정적인 효과가 있다는 사실을.

어려운 일
선택하기

제10장

271 ~ 300

실수를 전혀 하지 않는다면

그건 아무것도 하지 않거나 발전이 없다는 의미다.

실수를 포용하고 교훈을 찾아보자.

일해야 할 때가 있고 놀아도 되는 때가 있다

베짱이가 여름 내내 노래하고 춤추며 즐거운 시간을 보냈다. 그가 노는 동안 개미들은 힘을 합쳐 겨울에 먹을 음식들을 모아두었다. '왜 저렇게까지 열심히 일하지?' 베짱이는 개미들을 도통 이해할 수 없었다.

겨울이 오자 식량이 없던 베짱이는 배가 고파 굶어 죽을 지경에 이르렀다. 그때 개미들이 옹기종기 모여 앉아 모아둔 음식을 먹는 모습이 눈에 들어왔다. 베짱이는 그제야 여름 내 개미들이 열심히 땀 흘린 이유를 이해하게 되었다.

··· 교훈 ···

일해야 할 때가 있고, 놀아도 되는 때가 있다. 지금 당장 중요해 보이지 않는 일이라고 해서 떠넘기거나 미루어놓으라는 뜻이 아니다. 즐기는 시간은 해야 할 일을 끝낸 뒤에 가지라는 의미다. 그리고 늘 앞일을 대비하라.

안전지대 공간을 넓힌다

안전지대의 장점은 융통성이 있다는 사실이다. 당신이 안전지대 밖으로 나올 때마다 안전지대는 점점 크기가 확장될 것이다. 새로운 기술이나 습관을 익힌다면 결국 그것들이 안전지대의 일부가 된다. 이는 대단히 좋은 소식이다. 당신이 스스로를 강화하고 발전시킬수록 편안하게 느끼는 공간이 늘어난다는 의미이기 때문이다. 그리고 다룰 줄 아는 도구나 기술이 다양해질수록, 가고자 하는 목표를 더 쉽게 이룰 수 있게 될 것이다. 이로써 멘탈력도 점점 더 강해질 것이다.

모든 실수는 교훈을 품고 있다

헨리 포드가 이런 지혜로운 말을 했다.

"유일한 실수가 있다면 그건 우리가 아무것도 배우지 못했다는 것이다."

실수하는 걸 좋아하는 사람은 없다. 실수하면 창피하고 당황스러워지기 때문이다. 하지만 다행히 좋은 점도 있다. 실수한 경험은 성장 사고방식 즉, 지능이 발전할 수 있다고 믿게 된다. 실수를 전혀 하지 않는다면 그건 아무것도 하지 않거나 발전이 없다는 의미다. 실수를 포용하고 교훈을 찾아보자.

익숙함에서 벗어나라

대부분은 익숙한 것, 이미 아는 것을 선호한다. 똑같은 레스토랑에 가서 밥을 먹고, 만나던 친구들과 어울리며, 자신에게 익숙한 음식을 먹는다. 심지어 많은 사람들이 패턴이 예상된다는 이유로 건전하지 못한 관계 안에 머물기도 한다. 불확실성을 피하고 싶기 때문이다. 문제는 이렇게 안전지대에만 머무는 게 익숙해지면 스스로 중요한 깨달음을 얻을 경험을 놓치게 된다는 점이다. 새로운 시도를 피하고, 계산된 위험을 무릅쓰지 않는다면 스스로에게 성장할 기회를 뺏는 셈이다. 불확실한 일로부터 자신을 지키느라 애쓰지 말라. 안전지대를 자주 벗어날수록 멘탈력은 키워진다. 멘탈력은 근육과 같다. 정기적으로 움직여주어야 한다.

타인의 감정에 감응하라

'공감'은 '다정하게 대한다'는 말 이상의 의미를 담고 있다. 이는 당신을 타인의 처지에 놓고 상대가 느꼈을 감정을 인지한다는 의미다. 그 당시에 그가 느낀 생각과 감정에 감응하는 것이다.

타인이 겪은 다양한 어려운 상황에서 당신이 통찰력을 얻는다면, 비슷한 상황에 처했을 때 좀 더 명료하게 사고할 줄 알게 된다. 이로써 멘탈력이 강화되는 것이다.

공감은 타인과 당신을 더 깊이 연결시켜준다. 그보다 더 좋은 게 있을까?

지금 당장 시작하라

이제 말하기를 멈추고 행동에 나설 시간이다. 뭐든 좋으니 지금 당장 시작하자. 팔 굽혀 펴기 한 번, 책 한 장 읽기, 물건 하나 판매하기, 세미나에 한 번 참석하기, 글 한 문단 쓰기 등을 오늘 시작하라. 이 한 번을 해낸다면 두 번도 무난해질 것이다. 같은 일을 내일도 계속하라.

무엇을 꿈꾸든, 시작도 안 한 채로 두지 않는 것이 가장 중요하다. 행동하지 않고 미적거린다면 프로젝트와 목표는 절대 끝나지 않을 것이다. 포기하거나 미루지 말라. 말은 바람만 불어도 날아가 사라질 신기루다. 계획을 진전시키고 싶다면 행동해야 한다.

감정을 다루는 연습을 한다

누구도 하루 만에 감정을 다루는 숙련자가 될 수 없다. 다행인 점은, 매일 반복해 연습하면 어려운 상황 앞에서도 결국 감정을 다스릴 줄 알게 된다는 것이다.

일이 어긋났을 때 주로 떠오르는 부정적인 감정들을 목록화해보자. 분노와 절망, 죄책감, 무관심 등 어떤 것이라도 좋다. 그 목록을 곰곰이 들여다보며 해당 감정들이 당신의 행동에 어떤 영향을 끼쳤는지 간단히 메모해보자. 예를 들면 화가 머리끝까지 나서 다른 사람들을 맹렬히 비난했을 수도 있고, 책임을 남에게 미루고 자리를 피해버렸을 수도 있다.

마지막으로 앞으로는 부정적인 감정이 생길 때마다 어떻게 반응할지 다짐하는 메모를 짧게 남겨보자. 가령 화가 나면 숨을 다섯 번 크게 쉬어본다든지, 하고 싶은 말이 있어도 3초의 여유를 둔 뒤에 말을 내뱉는 등의 다짐을 해보자.

회피보다 나쁜 결과가 낫다

나쁜 결정을 내려 잘못된 결과가 나올까봐 두려워 주저한 적이 있는가? 혹은 다른 사람들이 당신의 결정을 비난할까 걱정스러운가? 아니면 단지 결정 자체가 부담스러운가?

결정을 계속 미루다가 아무것도 얻지 못하는 것과, 나쁜 결정을 내린 것을 잘 비교해보자. 결정을 하지 않는 것보다는 아무래도 시작이라도 하는 편이 낫다. 후자는 거기서 배울 기회를 얻게 마련이기 때문이다.

결정해야 할 일과 문제들이 그냥 사라지기를 바라거나 무작정 회피하지 말자. 가능하다면 결단하자. 결단력 있는 사람들이 가장 성공할 확률이 높다.

하고 싶은 일을 직업으로 삼으라

무보수로 일할 수 있다면 어떤 일을 선택하겠는가? 살기 위해 선택하겠는가, 일하기 위해 살겠는가? 열정적으로 일한다면 아마 일이 일로 느껴지지 않을 것이다. 적어도 월요일 아침이 올까 두려워 일요일 저녁부터 벌벌 떨지는 않게된다.

어떤 일을 할 때 가장 행복한가? 직업을 삶의 목적과 맞추는 것은 삶을 목적지향적으로 만드는 데 매우 중요하다.

압박감 속에서도 냉철함을 유지한다

　압박감 앞에서도 옳은 결정을 내려야 할 때 어떻게 해야 할까? 감정적으로 안정적이어야 한다. 또한 객관적인 상태를 유지하는 능력과, 감정과 무관하게 결정을 내려야 한다는 사실을 인지해야 한다.

　스트레스 상황에서도 결정을 내려야 할 때 첫 번째로는 상황을 정확하게 파악해야 한다. 자신의 상황과 그 속사정을 잘 파악할수록 좋은 결정을 내리게 되어 있다.

　심리적으로 압박받으면서도 중요한 결정을 내려야 할 때, 최대한 많은 정보를 모으자. 큰 그림을 그릴 수 있는 정보든, 세세한 사정이든 뭐든 상관없다.

낙관적으로 사고하라

긍정적인 태도를 유지하고 부정적인 내적 대화를 자제하라. 이는 장점을 키우고 성공을 진심으로 축하하는 능력을 개발하고, 당신의 약점과 실수에서 성장할 기회를 얻게 돕는다.

안타깝게도 많은 사람들이 좌절과 실망감에 스스로를 비관적으로 생각한다. 이런 태도는 자신감을 높이지도 못하고 오히려 해칠 뿐이다.

다행히도 마음은 낙관주의와 긍정적인 사고를 포용할 수 있다. 좌절을 극복하는 능력이 당신 안에 있음을 본능적으로 알도록 훈련할 수 있다. 당신도 멘탈을 강화시킬 수 있다!

남의 조언의 반대를 선택하라

조언을 귀 기울여 신중히 듣되, 그 반대로 하라.

누구나 잔소리를 들으면 의구심이 생기고 그 반대로 하고 싶어 한다. 이를 '심리적 반발심'이라고 한다. 자유를 방해받는다고 느끼거나 선택권이 많지 않다는 생각이 들 때 뇌가 보이는 반응이다.

누군가 당신을 막는다면 자유를 억압당했다고 느껴 상대가 원하는 반대로 행동함으로써 선택권과 통제력을 차지하려 할 수 있다. 행동이 타인에게 금지당하거나 방해받는다면 호기심이 강화되어 더 해보고 싶어지는 법이다.

무언가를 생각하지 말라고 하면, 바로 그 생각이 머릿속을 슬그머니 지배한다. 분홍색 코끼리를 떠올리지 말라!

반항하는 것은 좋다. 그러니 오늘 당신의 심리적 반발심을 포용하라.

부정적인 생각을 받아들여라

부정적인 감정이 드는 것은 자연스러운 현상이다. 관심을 집중시키고 스스로를 발전시키는 자극제다. 문제는 불안과 분노, 두려움 등의 감정은 당신을 긴장시키기에 아무런 행동도 못 하게 할지도 모른다. 이런 감정들이 작을 때는 도움이 되기도 하지만 너무 강해지면 순식간에 과부하가 걸린다.

그렇다고 부정적인 감정을 억누르는 게 능사는 아니다. 대신 이를 통제하는 법을 배우자. 감정이 논리적이고 이성적인지 자문해보자. 맞다면 더 단호하게 행동하게 되고 옳은 결정을 내리기가 더 쉬워질 것이다.

부정적인 감정을 조절하는 것은 쉽지 않다. 하지만 연습을 거듭한다면 점차 쉬워질 것이다.

불안은 무기력을 만든다

스스로의 능력과 기술에 자신감이 부족하다면 어려운 시기에 멘탈을 강하게 유지하기가 힘들다. 하지만 능력과 기술 부족이 성공과 실패를 가늠하는 경우는 드물다. 성공과 실패를 결정하는 가장 큰 요인은 '불안감'이다.

불안하면 아무런 행동도 하지 않는다. 그래서 불안이 성공에 큰 위협 요소인 것이다. 자기 회의는 당연히 들 수 있다. 뇌가 힘든 일 앞에서 당신을 보호하는 자연스러운 감정이다. 문제는 만약 자기 회의가 당신 안에 뿌리 깊이 내려 당신을 옴짝달싹 못 하게 잡아두면 모든 에너지가 당신의 단점만 집중하게 된다는 점이다.

불안함이 당신을 무기력하게 만들지 않도록 단속하자.

변화를 인정하라

유연한 사고는 회복 탄력성을 높이는 필수 요소다. 회복 탄력성이 좋으면 바뀐 상황 앞에서도 유연하게 대처할 수 있다. 예상치 못한 일이라고 해서 긴장하기보다는 바꿀 수 있는 단 하나에 집중함으로써 신속히 대응하고 적응해야 한다. 그 하나는 바로 '당신 자신'이다.

융통성을 잘 발휘하는 법을 배워두면 위기 앞에서도 더 잘 대응할 수 있다. 어떤 사람들은 갑작스러운 변화에 무너지지만 회복 탄력성이 좋은 사람들은 오히려 적응하고 번성한다.

역경을 즐겨라

스스로에게 닥친 역경을 올바른 자세로 맞이하고 있는가? 곤란한 문제, 의도치 않은 결과, 부작용, 완전한 실패 등 모두 당신이 겪을 일들이다. 이는 모두 평범한 삶의 일부다. 그러니 어려운 일을 겪는다 해도 좌절하지 말고 피해를 줄이는 법을 생각해야 한다. 역경에서 교훈을 배울 수 있다면 앞으로 일어나는 일을 더 잘 준비하게 될 것이다.

남들의 마음에 대해 신경 쓰지 말라. 그들의 마음에 들지, 안 들지는 마치 복불복 같은 것이다. 대신에 당신이 판단하기에 옳은 일을 하고, 당신의 의미를 찾는 데 집중하라. 당신에게 가장 중요한 것은 무엇인가? 열 가지 우선순위와 가치를 적어보자. 매일 그 가치를 지켜라.

의심을 의심하라

의심은 자신감의 적이다. 불안감을 일으켜 냉소적으로 만든다. 만약 자신을 의심하게 되었다면, 그 의심을 의심하라. 당신 안에서 속삭이는 말의 진실성을 의심하라. 마음은 이렇게 말하고 있을지도 모른다. '나 사실은 이거 잘 못 해.' 이는 당신의 신념을 제한한다. 이런 생각이 들 때마다 '그 말이 사실인가?'라고 의심하라. 그 주장을 뒷받침할 만한 사실이 많지 않다는 걸 알게 될 것이다.

스트레스가 일으키는 반응

스트레스를 받으면 몸은 코르티솔을 분비한다. 이는 아드레날린과 노르아드레날린을 분비시켜 '투쟁 도피'라는 신체 반응을 일으킨다. 코르티솔이 지나치게 몸에 많이 돌면 불안 증세가 생기고 체중이 증가하며 심장 질환 등의 문제를 일으킬 위험이 있다.

혈액이나 소변, 침 등으로 코르티솔 수치를 측정하는데, 이는 집에서도 잴 수 있다. 가정용 테스팅 키트로 검사하는 것이다. 이 수치를 잘 관찰하면 멘탈력이 얼마나 잘 개발되고 있는지 파악 가능하다.

감정이 바뀌면 인생이 바뀐다

만약 감정이 삶과 업무 성과에 긍정적인 영향을 끼치는 법을 매일 배운다면 인생은 좀 더 풍요로워질 것이다. 같은 상황이어도 삶의 경험에 따라 감정적 반응이 달라진다. 좌절과 행복, 분노, 성공, 실패, 즐거움 같은 감정적 경험들 말이다.

기분을 고양시키려면 어떤 생각이 당신을 우울하게 만드는지 파악하자. 바로 그 생각을 다시 긍정적으로 바꾸면 기분이 달라질 것이다. 그러면 행동이 바뀌고, 행동이 바뀌면 인생은 원하는 방향으로 가게 된다.

당신은 당신의 길을 가라

바꿀 수 없는 것은 자꾸 생각하지 말라. 걱정이 한가득이라면, 그것이 통제 가능한 영역인지 잠시 생각해보자. 폭풍이 언제 올지 예측하긴 어렵지만 그에 대한 대비는 할 수 있다. 다른 사람의 행동을 바꾸기는 어렵다. 하지만 대응하는 법은 변화할 수 있다.

당신의 조절 능력 안에 있는 것은 노력과 태도뿐이라는 사실을 인지하라. 조절할 수 있는 것에 에너지를 쏟아야 훨씬 효율적이다. 사람과 상황에 영향을 끼칠 수는 있지만, 당신 뜻대로 하라고 강요할 수는 없다. 자신의 행동 변화에 초점을 맞추어야 가장 큰 영향력을 발휘할 수 있다. 바꾸길 싫어하는 사람을 바꾸려 노력할 필요 없다. 잊어버리고, 당신은 당신의 길을 가라. 더 좋은 일이 생길 것이다.

트라우마를 극복하는 법

시간이 만병통치약은 아니다. 시간이 지나면 상처가 흐릿해지지만 그렇다고 당신이 느끼는 모든 고통이 깨끗하게 치료되지는 않는다. 당신이 입은 상처에 대한 감정적 반응인 트라우마는 그리 간단하지 않다. 양파를 벗기듯 한 번에 하나씩 다뤄야 할지도 모른다.

트라우마를 극복하려면 뇌가 현재에 집중하는 법을 배워야 한다. 어쩌면 전문가의 도움이 필요할 수도 있다.

그래도 시간은 흐른다는 사실을 인지하면 치료를 시작하는 데 도움이 된다. 오늘은 살면서 상처받았다고 느꼈던 일들에 대해 생각해보자. 고통의 근원을 파악하자. 이것이 치료의 시작이다. 새로운 가능성을 더 긍정적으로 바라볼 기회를 스스로에게 주자.

가장 힘든 것을 먼저 끝내라

당신에게는 아마도 해야 할 일의 목록이 있을 것이다. 그 목록들 가운데 무엇부터 해결했는가? 제일 쉬운 일부터 해결하지 않는가?

이제부터는 그 목록에서 가장 어려운 일, 가장 힘든 일, 어쩌면 다음으로 미루고 싶은 일부터 시작하자. 가장 어려운 목록을 제일 먼저 끝내면 다른 일들이 훨씬 수월해지고 더 좋은 결과를 얻을 것이다.

어려운 일을 해낸 뒤의 성취감은 실로 놀라울 정도다. 힘든 일은 이미 끝냈다는 사실을 인지하고 나면 나머지 일은 편안한 마음으로 해낼 수 있다.

잘하는 것을 더 잘할 방법을 연구하라

자신감보다 능력이 더 유용하다고 말할 수 있는 이유는, 능력은 단지 '뛰어나다고 느끼는 것'이 아니라 '뛰어난 모든 것'이기 때문이다. 당신이 유능하다면 성공을 객관적으로 볼 수 있을 테고, 자기 자신에 대해 더 흡족해진다.

하는 일을 더 잘할 방법을 연구하라. 그게 행동에 나서는 길이다. 실제로 행동하면 앞으로 나아가게 된다. 잘한다는 느낌을 버리고, 실제로 잘하는 것을 찾아내 집중하자. 그러면 장점을 파악하고 개발할 수 있을 뿐 아니라, 어떤 부분을 더 개발할지 파악하고 다음 행동을 결정하기 쉬워진다.

반복하다 보면 잘하게 되어 있다

무슨 일이든 반복하다 보면 잘하게 되어 있다. 신중히 반복해 연습하면 수행력과 경험, 자신감이 늘게 된다. 이는 습관화하는 시간이다. 똑같은 행동이나 습관을 반복할수록 몸에 배어 수월해진다.

만약 좋은 습관을 새로 들이고 싶다면 짧은 시간 안에 여러 가지를 시도하지 말고 두세 가지 정도로 조금씩 반복하는 편이 효과적이다. 마음이 긍정적인 변화에 점진적으로 적응하도록 돕자.

멘탈력을 기르는 것도 이와 다르지 않다. 매일의 습관이 멘탈 근육을 키운다.

약점을 드러내라

더 약해져라. 솔직해지는 데도 힘이 필요하다. 감정을 솔직히 드러내고, 힘겨워해도 괜찮다는 사실을 받아들여라. 답을 알 수 없어도, 능력이 부족해도 괜찮다. 당신의 단점을 포용하되 당당하라. 자신감은 상황을 통제하는 것이고, 연약함은 그 상황에 반응하는 것이다.

솔직하게 약점을 드러낸다는 것이 약하다는 의미는 아니다. 늘 강한 척할 필요는 없다. 연약한 부분 덕분에 새로운 친구가 생기고, 사물을 새로운 관점으로 볼 수 있게 된다. 연약함의 세상을 조심스레 탐험해보자.

미루었던 일들을 해낸다

성공한 사람들은 늘 깨어 있으며, 힘든 과거를 제쳐두고, 해야 할 일 앞에서 놀라운 인내심을 발휘한다. 엄청나게 힘든 고통도 참아내다 보면 더는 힘들지 않게 된다. 무엇을 참지 못하는가? 너무 힘들어서 계속 미뤄두었던 일들은 무엇인가? 생각해보고, 그래도 해보자. 고통에서 벗어나는 길은 그것뿐이다.

신념을 개발하라

자신의 능력을 깊이 신뢰하는 감정, 즉 자신감은 원하는 것, 해야 하는 것을 하는 데 필요하다. 자신과 자신의 능력을 믿어야 원하는 삶을 얻을 수 있다.

다행인 점은 주도권이 당신에게 있다는 사실이다. 실패했다고 해도 다음에 더 잘하거나 다른 선택을 배울 기회로 삼아보자. 실패는 장애물이 아니라 선물이며, 무언가를 배울 좋은 기회다. 더 배우고 경험할수록 자신감은 더 자라날 것이다.

할 수 없다고 생각하는 것을 하라

지루한 보고서 작성, 미루어두었던 과제 등 정말 하기 싫은 일 앞에서 '10분만 해보자'고 자신을 설득해보자. 10분 후에도 그만두고 싶다면 그만하자. 하지만 아마도 계속하게 될 가능성이 높다. 시작이 제일 힘든 법이기 때문이다.

하기 싫은 일부터 시작하면 뇌는 감정에 일일이 대응할 필요가 없다는 사실을 훈련하게 된다. 하기 싫은 일이라는 것이 그 일을 못 한다는 뜻은 아니다. 당신은 생각보다 강하다. 의욕이 떨어져도 행동에 옮길 수 있다.

이 방법을 더 힘든 일에 적용해보자. 뇌가 당신에게 일하지 말라고 설득할 때 "도전!"이라고 외치는 연습을 하자.

뇌는 당신을 과소평가한다. 하지만 뇌가 할 수 없다고 여겼던 일을 해낸다면, 당신은 뇌가 인정한 것보다 더 유능하다는 사실을 증명하는 것이다.

내면의 나침반을 따라가라

옳은 결정을 도울 특별한 도구가 있다면 얼마나 좋을까? 좋은 소식이 있다. 당신은 이미 그 도구를 가지고 있다! 이를 내면의 나침반이라고 부른다. 당신에게 가장 좋은 게 무엇인지 가르쳐주고 정보를 제공하기 위해 24시간 내내 돌아가는, 놀랍도록 정확하고 믿을 만한 도구다.

내면의 나침반에는 당신의 사고방식과 행동이 당신의 가치와 기준에 부합하는지 점검하는 기능도 있다. 이런 것들이 서로 잘 맞을 때 당신은 인생에서 안정감과 편안함, 몰입을 느낄 것이다. 지금 불편하고 불안하다면 잠시 멈춰서 내면의 나침반을 점검하자.

내면에 방향 감각을 정확히 세운다면 길을 잃을까 걱정할 필요가 없어진다. 당신의 항로를 따라가라.

누구의 목소리에 따라 살 것인가

죽음은 진정 중요한 것들에 집중하게 만든다. 만약 삶이 1년밖에 남지 않았다면 무엇을 하겠는가? 당신이 하고 싶은 일들은 삶의 목적을 깨닫게 돕고, 사소하거나 시시한 문제들을 그냥 넘기게 한다. 죽음은 어쩌면 인생의 가치에 가장 분명한 관점을 제공하는 유일한 것일지도 모른다.

당신은 남들에게 어떻게 기억되고 싶은가? 목적의식이나 방향 감각이 없다면 스스로에게 무엇이 중요한지, 당신의 가치가 무엇인지 제대로 알아내기 어렵다. 만약 당신만의 가치에 맞는 삶을 살고 있지 않다고 느낀다면 누구의 가치, 누구의 우선순위를 위해 살고 있는지 점검해봐야 한다.

멘탈 근육
강화하기

제11장

301 ~ 330

과거는 당신의 성격과 행동을 짐작하는 바로미터가 될 수 없다.
대신 미래의 당신의 모습이
당신의 성격과 행동을 예측하는 가늠자가 될 것이다.

늦기 전에 행동하라

개구리가 물에 담긴 냄비 안으로 떨어졌다. 개구리는 냄비 밖으로 뛰어나오는 대신 그냥 느긋하게 즐기기로 했다. 그 냄비는 가스 불 위에 올라가 있었고, 물 온도가 점점 오르기 시작했다. 개구리는 자신의 몸 온도를 적당히 맞춰나갔다. 그러나 물은 결국 끓기 시작했고, 더는 버티기 어려웠던 개구리가 냄비 밖으로 튀어나오려 했지만 그때는 이미 늦었다. 결국 개구리는 물 밖으로 나오지 못하고 죽고 말았다.

… 교훈 …

개구리는 언제 뛰어야 할지 결정하는 능력이 부족했기에 결국 살아남지 못했다. 너무 늦기 전에 상황에 맞는 행동을 해야 한다. 뛰쳐나와야 하는 상황에 맞닿기 전에 걸어나오자.

매일 감사를 연습하라

용기를 내어 역경에 맞서야 할 때, 긍정적인 태도와 낙관적인 사고방식이 가장 중요하다.

매일 아침마다 잘 풀렸던 일을 곰곰이 생각해보자.

매일 오후마다 감사한 일들을 모두 떠올려보자.

잠들기 전 저녁마다 그날 얻은 작은 승리를 음미해보자.

매일같이 감사하는 연습을 하자. 그러면 멘탈력을 강화할 수 있다.

미래로 나아가라

적극적으로 이루고 싶은 미래의 모습을 그리지 못한다면 경험에서 적극적으로 배워나가지 못할 것이다. 배우는 게 없다면 매번 같은 일만 반복할 수밖에 없다. 인생은 지루하고 뻔하고 재미없는 루틴이 반복될 것이다.

'현재'를 강렬하게 사는 유일한 비결은 아주 구체적인 '미래'를 향해 용기 있게 나가는 것이다. 더 큰 미래를 위해 열심히 노력할 때, 당신의 미래는 훨씬 지루해진다. 비좁은 안전지대에서 빠져나와 불확실성을 포용하자. 익숙한 세상에서 나와 미래 당신의 세상으로 나아가자.

그럴 수 있다면 과거는 당신의 성격과 행동을 짐작하는 바로미터가 될 수 없다. 대신 미래의 당신의 모습이 당신의 성격과 행동을 예측하는 가늠자가 될 것이다.

매일 습관을 길들여라

동기는 변덕스럽다. 의지력도 있다가 없게 마련이다. 멘탈력은 엄청난 양의 영감이나 용기로 얻을 수 있는 것이 아니다. 그저 정해진 일정을 소화하고, 어려운 일과 방해가 되는 요소를 극복하고 또 극복하는 매일의 습관을 들이는 것이다.

멘탈력이 강한 사람들은 더 용감하거나 재능이 있거나 똑똑한 사람들이 아니다. 단지 더 끈질긴 사람들일 뿐이다. 그들은 인생에 온갖 방해물이 몰려온다고 해도 중요한 일에만 집중하는 시스템을 개발한다. 그 시스템이 그들의 정신적 신념의 토대를 형성하는 습관이 된다. 결국 그것이 남들과 그들을 구분시킨다.

우리에게는 인생을 뒤바꿀 만한 변화가 필요한 것이 아니다. 사소한 행동에 집중하는 새로운 습관을 형성하라. 당신의 동기를 얼마나 많이 유발하는지 상관없이 앞으로 나갈 수 있는 루틴을 개발하라. 정해진 일정을 지키고, 결과를 잊어라. 실수했다면 최대한 빨리 제자리로 돌아가라.

운동하라

멘탈력을 기르려면 정신적·신체적인 힘을 기르는 게 중요하다. 정신과 신체가 건강해야 주도권을 쥘 수 있다. 규칙적인 운동은 심장을 강화시키고 혈액 순환을 촉진한다. 이는 곧 몸에 산소 수치를 높여준다.

증가한 산소 수치는 당신을 더 명료하게 사고하게끔 돕고, 혈압을 낮추며, 숙면을 취하게 하고, 몸무게를 줄여준다. 당신이 분비하는 엔도르핀은 천연 진통제로, 기분을 좋게 만들고 불안감을 줄여준다. 도대체 뭘 기다리는가? 매일 시간을 따로 할애해 규칙적으로 운동하라.

작더라도 계속 도전하라

실패를 피하고 싶은가? 실패하는 당신을 보고 혀를 끌끌 차는 사람들을 걱정한 적이 있는가? 중요한 목표에 도달하지 못해 부끄러워서 몸 둘 바를 몰랐는가?

만약 실패를 위협이라고 생각한다면 당신의 몸은 싸울 준비를 할 것이다. 당신은 마치 전쟁터 한가운데 있는 기분을 느낄 것이다. 반면에 어려운 일에 도전하거나 실패할 가능성이 있는 일을 '해보겠다'고 결심한다면, 도전할 만한 가치가 있다고 본다면 당신은 더 능력을 발휘할 테고, 그러면 실패 가능성은 낮아진다.

과거에 어려움을 이겨내고 결국 성공했던 경험을 반추하는 것이 좋다. 사소하더라도 성공적으로 해냈던 일을 떠올리자. 성공을 이미지화하라. 스스로 그 일을 무사히 해내는 모습을 그려본다면 긍정적인 사고방식을 취할 수 있다. 뇌가 더는 힘든 일을 위협으로 보지 않게 전환했다고 해도 여전히 불안하거나 초조할 수 있음을 잊지 말라. 하지만 이런 부정적인 감정을 더 잘 활용할 긍정적인 생리학적 변화를 경험하게 될 것이다.

노출을 통제한다

당신에게 불안감을 일으키는 상황을 조금씩 경험해보라. 이를 '통제된 노출'이라고 일컫는다. 흔히 사람들은 공포감을 극복하는 데 이 방법을 사용한다. 통제된 노출 경험으로 회복 탄력성을 증진할 수 있다. 특히 새로운 기술을 습득하거나 목적을 세울 때 큰 도움을 받을 수 있다. 예를 들여 많은 사람 앞에서 연설하는 대중 연설이 두렵다면 통제된 노출을 활용해보기를 권한다. 한두 사람 앞에서 연설을 시작했다가 점차 숫자를 늘려가자.

통제된 노출을 성공적으로 경험한다면 자존감과 자율성을 높이고, 숙달하게 만들어 역경 앞에서도 의연하게 대처할 수 있게 된다.

감정은 전염된다

당신은 어쩔 수 없이 주변 사람들의 감정을 캐치하게 된다. 그러므로 전혀 영향을 받지 않을 수는 없다. 바이러스처럼 감정도 전염된다! 스트레스에 찌든 사람들로 가득 찬 방으로 들어가보라. 당신도 스트레스를 받을 것이다.

의식적으로 에너지가 넘치는 사람들과 어울리려 노력하라. 당신도 금세 더 활기찬 사람이 될 것이다. 당신을 응원하고 지지하는 이들, 당신에게 영감을 주는 사람들과 어울려라. 유유상종을 잊지 말자!

자신감은 선택이다

자신감이란 무엇일까? 어쩌면 운 좋은 사람들이 태어날 때부터 가진 것, 좀 더 가졌으면 좋다고 생각되는 것으로 볼지도 모르겠다. 하지만 자신감은 전혀 그런 것이 아니다. 이는 고정된 특성이 아니고, 당신이 선택한 생각과 행동에서 나온 결과일 뿐 그 이상도 이하도 아니다. 일을 성공시키는 당신의 실제 능력이 아니라, 성공할 능력이 있다는 믿음을 근거로 한다.

다행히도 당신은 뇌가 생각과 행동에 영향을 미치는 방식을 재구성할 수 있다. 당신이 지금까지 얼마나 소심하고 의심했는지 상관없다. 자신감이 대개 당신의 선택을 믿도록 재구성하는 것이다. 계속 노력하고 위험을 무릅쓰는 용기를 낸다면, 자신감이 늘어날 뿐 아니라 이를 키울 능력을 개발할 수 있다.

타인의 말에 지나치게 의지해 당신의 가치를 재확인하지 말라. 자기 가치를 유지하기 위해 필요한 행동을 하라.

뭐든지 최선을 다하라

어떤 일에 전념한다는 것은, 목표를 이루기 위한 가장 좋은 길을 철저한 계산하에 계획한다는 뜻이다. 전념을 다하기로 했다면 방해물을 피할 때 빼고는 온전히 계획을 따라야 한다. 이것만으로도 충분하지만 당신이 하는 일에서 뛰어나게 잘하고 싶다면 일심전력으로 해야 한다.

가령 글 두 장이 필요하다면, 세 장을 써라. 네 명 앞에서 말해야 한다면, 여섯 명에게 하라. 5마일을 달리는 데 그치지 말고 6마일을 달려라. 필요한 만큼 열심히 한다면 당신의 목적과 열정을 명확히 이해하게 될 것이고, 결국 목표에 다다를 것이다.

삶의 목적을 분명히 하라

자신의 목적을 깊이 이해해야 회복 탄력성을 개발하는 데 도움이 된다. 인생길에서 목표도 없이 이리저리 헤매지 않는 다면 좌절했던 일 안에서도 의미를 찾을 수 있다. 당신만의 목적을 분명히 한다면, 잘못된 일이 당신의 핵심 가치와 관련이 없다면 미련 없이 잘 놓아줄 수 있을 것이다. 이는 괴로운 경험에서 교훈을 배우고 빨리 제자리로 돌아올 수 있다는 것을 의미한다.

전념하면 통하게 된다

무언가에 전념하게 되면, 그 일에 가치가 더해진다. 당신이 얻으려는 결과에는 필요한 시간과 노력을 쏟을 만큼의 가치가 생긴다. 당신의 행동과 결정들이 결과를 현실로 맞추는데 초점을 맞추게 된다. 당신이 전념한다면, 원하는 결과를 얻으려 계속 노력하게 될 뿐 아니라 실패하거나 일이 뜻대로되지 않아도 계속 밀고 나갈 힘을 얻을 수 있다.

일이나 프로젝트, 또는 특정 결과를 성공적으로 끝내려고 전념한다면 그 어떤 장애물 앞에서도 긍정적이고 단호한 마음을 유지하는 회복 탄력성이 높아진다. 일에 헌신하면 포기가 더 수월할 때조차 일을 즐기게 된다. 또한 잠깐의 만족을 위해 목표를 포기하지 않고, 끈질기게 나아갈 힘을 준다.

타인의 성장을 독려하라

멘탈력이 강한 사람들은 남들이 생각하는 법을 가르치고, 성장을 독려하며, 영향력을 키워 그들의 인생을 바꾼다. 그들은 "이렇게 한번 생각해보세요", "이런 식으로 접근해보면 어떨까요?", "이 문제에 대해서는 어떻게 생각하세요?"라고 묻는다. 타인이 긍정적으로 생각하도록 돕는다면 당신에게 영향력이 있다는 의미다. 멘탈이 강한 사람들은 반복적으로 주변 사람들에게 다르게 생각해보라고 말한다. 하지만 그것이 그들 일의 전부는 아니다.

당신에게 영향력이 큰 사람들을 떠올려보라. 그들은 당신 자신에 대해, 다른 사람들에 대해, 세상에 대해 생각하는 법을 가르치고 성장하라고 격려했을 것이다. 그 사람들이 특별히 큰 영향을 끼친 이유는 무엇인가? 그들은 어떤 식으로 영감을 주었나? 어떤 방식으로 열심히 정진하라고 했는가? 아마도 늘 최선을 다하라고 조언했을 것이다. 멘탈력이 강한 사람들은 아끼는 이들의 성장을 독려한다.

스트레스 관리법을 배워라

스트레스에 짓눌리면 감정을 다스리기가 힘들다는 사실을 알고 있을 것이다. 감정을 그나마 잘 다스리는 사람조차 긴장과 스트레스가 심하면 힘들어한다. 스트레스를 줄이고 그에 대처하는 법을 찾는다면 감정을 더 잘 다룰 수 있게 된다.

명상이나 마음 챙김 등은 스트레스를 해소하는 좋은 방법 중에 하나다. 스트레스가 아예 사라지는 것은 아니지만 스트레스와 같이 살 만해진다. 충분한 수면도 필요하다. 친구들과 신나게 웃고 떠드는 것도 도움이 된다. 자연을 가까이하고, 운동을 자주 하며, 기분 좋은 활동이나 취미 생활을 즐기자.

감사도 연습이 필요하다

오늘은 감사한 일과 이유를 세 가지씩 적어보자. 직업이나 인간관계, 또는 가족을 부양할 능력이 있음에 감사할 수 있다.

감사를 표현하고, 또 상대에게도 받았다면 뇌는 도파민과 세로토닌을 분비한다. 이는 몸 안에서부터 행복해지게 하고 당신의 기분을 좋게 만든다.

당신이 감사한 것 세 가지는 무엇인가?

감정을 체크한다

외롭거나, 화가 나거나, 슬프거나, 질투가 난다면 잠시 멈춰보자. 당신이 어떻게 반응하려 했는지 생각해보자. 휴대전화 속 인스타그램이나 이메일을 확인하려고 했는가? 그 대신에 앉거나 얼굴을 바닥에 대고 누워서 눈을 감아보자. 몸의 감각을 따라갈 수 있는가? 가슴이 답답해지는가? 배가 아픈가? 가슴이 벌렁거리나? 목이 답답한가? 어금니를 꽉 물게 되는가? 그 감각을 깊이 느껴보자. 머릿속 생각은 잊어버려라. 감정을 모르겠다면 알아내려 하지 말고 그대로 놔둬라. 그저 몸의 감각을 느끼고 음미하라. 몇 분간 그대로 있자. 그 느낌이 어떤 의미인지 생각해보자.

이는 고대 요가 수련자의 수련법이다. 일단 해보면 큰 통찰을 얻고 놀랄 것이다. 감정을 무시하던 나쁜 습관을 버리게 될 것이다. 감정을 고스란히 느껴보는 게 어려울 수 있다. 하지만 실제 해보면 인간관계가 개선되고, 오래된 트라우마를 치료하는 데 효과적이며, 나쁜 습관을 깨고 다음 단계로 나아가는 데 도움을 줄 것이다.

회복 탄력성의 힘

토끼와 거북이 이야기(151 참조)에 다들 익숙할 것이다. 거북이는 느리지만 꾸준히 감으로써 경주에서 이겨 영웅이 되었다. 닐 암스트롱, 아이작 뉴턴, 토머스 에디슨, 셜리 잭슨(미국 물리학자. 흑인 여성으로서 인종차별과 여성 차별을 이겨내고 미국 최초로 MIT에서 박사학위를 받았다), 마리 퀴리, 그레이스 호퍼(미국의 컴퓨터 과학자이자 수학자, 미 해군 최초의 여성 제독)의 이야기를 천천히 곱씹어보자. 이들은 보이지 않는 현실을 믿었을 뿐 아니라 실패나 역경, 장벽에도 넘어지지 않고 계속 앞으로 나아갔다.

회복 탄력성의 힘을 알고 활용할 수 있다면, 역경 앞에서도 기회를 발견해 계속 발전할 수 있게 된다. 자기 인식은 인지 편향의 영향을 받는다. 어쩌면 당신은 스스로를 과소평가할 수도 있다. 목표에 집중하지 않고 장애물에 몰두하고 있을지도 모른다. 이는 좌절을 낳고, 희망을 잃게 한다. 회복 탄력성을 개발한다면 길에서 벗어날 때마다 자기 자리로 돌아갈 힘을 얻게 된다.

자신을 알라

회복 탄력성이란 힘들고 어려운 시기가 닥칠 때마다 제자리로 돌아가는 능력이다. 하지만 이는 한순간 내려갔다가 폴짝 올라가는 트램펄린이 아니다. 그보다는 지도 없이 산을 오르는 것과 비슷하다. 그러려면 시간과 힘, 주변 사람의 도움이 필요하다.

회복 탄력성을 기르려면 자아 인식을 개발해야 한다. 자아 인식은 자신만의 개성을 정확히 아는 것이다. 자신의 강점과 약점, 사고방식과 신념, 동기와 감정 등을 적어보자. 그러면 다른 사람들이 당신을 어떻게 보는지 알게 되고, 당신의 태도와 반응을 이해하게 된다.

도전하라

매일 스스로 생각하는 능력보다 어려운 일에 도전하라. 자꾸만 어려운 일을 시도해보도록 자신을 독려하자. 그러면 현재 당신의 수준과 특정 작업을 끝내는 데 필요한 기술 수준의 차이를 이해하게 될 것이다. 이 차이가 바로 당신이 성장할 기회다. 매일같이 당신의 수준을 넘는 도전적인 일을 하는 환경을 조성하면 멘탈력이 개발될 것이다.

어려운 일에 거듭 도전하라

너무 쉬운 일을 맡으면 동기가 유발되지 않는다. 이런 일은 도전 의식을 불러일으키지도 못하고, 안전지대 밖으로 나갈 필요도 없기 때문이다. 도전 의식은 특정 업무를 해내기 위해 쏟아내는 정신적인 노력의 양이다. 안전지대를 벗어나기 위해 도전하자. 당신의 능력은 최대치로 발휘되고 열정과 관심은 늘어날 것이다. 당신을 발전시키고 더 위대한 업적을 이루게끔 자극하려면 어렵고 불가능해 보이는 것들을 자꾸 해봐야 한다.

생각에 신중함을 더하라

만약 일하고 행동하는 법을 정말 바꾸고 싶다면, 생각부터 바꿔야 한다. 어렸을 때 겪은 부정적인 생각이나 부정적인 내적 대화가 마음속에 들어가면, 이것들이 원하지 않는 행동을 하게 만든다. 부정적인 내적 대화는 당신이 직접 스스로에게 한 말일 수도 있고, 남들이 한 말을 당신이 재해석한 것일 수도 있다. 조심하라. 부정적인 내적 대화는 부정적인 생각을 낳고, 이는 곧 부정적인 행동으로 이어진다. 반대로 긍정적인 내적 대화는 긍정적인 생각을 낳고, 곧 긍정적인 행동으로 이어진다.

그러니 조심해서 생각하라!

배수진을 쳐라

스페인 출신의 정복자 에르난 코르테스는 1519년 아스테카 제국을 정복하려고 했다. 그는 멕시코에 도착하자마자 자신의 배를 불태워버렸다. 후퇴의 가능성을 완전히 제거해버리면 군사들이 더 열심히 싸우리라고 판단했기 때문이다.

100퍼센트 헌신하려면 당신도 배를 태워버려야 한다. 목표를 끝까지 지켜보라.

그게 당신의 유일한 선택이 되게 하라.

멘탈 근육 강화 훈련

최고의 인생을 살기 위한 초석은 멘탈력을 기르는 데서 시작한다. 멘탈은 얼마든지 더 강하게 만들 수 있다. 근육을 단련하기 위해 헬스장에서 웨이트 운동을 하는 것처럼, 멘탈 도구와 기술을 활용해 멘탈력을 키워야 한다. 몸의 근육을 훈련시키듯, 멘탈 근육을 계속해서 가꾸자.

지금까지 회피하던 어려운 일을 해냄으로써 멘탈 근육을 강화시키자. 안전지대와 머지않은 일을 의식적으로 도전해보자. 오늘 시도한 것을 내일도, 모레도 해보자. 그러면 당신은 자신의 예상보다 더 많은 능력이 있다는 사실을 깨달을 것이다. 이런 훈련이 멘탈 근육을 금세 단단해지게 만든다.

하지 말아야 할 일의 목록을 작성한다

쉽게 산만해지는 편인가? 다른 곳에 정신이 팔렸다가 다시 집중하려면 최대 25분이 걸린다고 한다. 다행인 점은, 집중력 근육도 훈련이 가능하다는 사실이다. 첫 번째 단계는 '하지 말아야 할 일의 목록'을 작성하는 것이다.

페이스북을 확인하고 싶다거나 그냥 아무거나 클릭하고 싶은 충동이 든다면 대신 글로 적어보자. 생각을 종이로 옮기는 것만으로도 하던 일에 더 집중할 수 있게 된다. 또는 체스나 스도쿠 같은 게임으로 집중력 근육을 훈련할 수도 있다.

깊은 숨이 멘탈력을 키운다

수련 수준의 명상이든, 잠깐의 짧은 명상이든, 숨을 깊게 들이마셨다가 내쉬는 것은 멘탈력을 강화하는 데 도움이 된다. 깊은 심호흡이 생각과 감정을 컨트롤하고 호흡을 더 잘 조절할 수 있도록 돕는다. 심호흡은 뇌와 몸의 코르티솔 수치를 낮춰 긴장을 풀어준다. 과호흡은 기분을 다운시키지만, 깊고 느리게 하는 호흡은 아드레날린과 코르티솔 수치를 낮춰줌으로써 기분을 차분하게 만든다. 또한 긍정적인 행동을 유발시켜, 스트레스가 당신을 위해 일할 수 있게끔 돕는다. 다음의 두 가지 기법을 연습해보자.

· 3초간 숨을 들이쉬고 7초간 숨을 내쉰다.
· 박스 호흡 기법을 배운다. 4초간 숨을 깊이 들이쉬고, 4초간 멈춘 다음, 4초간 숨을 내쉬는 것이다. 한쪽 콧구멍으로 숨을 들이쉬고 다른 한쪽으로 내쉴 수도 있다.

숨을 깊이 쉬면 산소 흐름으로 뇌와 생리의 가장 깊은 부분이 재설정된다.

나쁜 생각은 나쁜 생각을 낳는다

나쁜 사건이 일어나면 부정적인 결과만 떠올리게 된다. 과거를 반추하거나, 또 망치면 어쩌나 싶어 계속 생각할 수도 있다. 어려운 점을 반복해 생각하면 사건 해결에 도움이 되리라 착각하기 때문에 자꾸 떠올리는 것이다. 안타깝게도 부정적인 생각을 반복하는 것은 필요한 행동을 나서게 하기 보다는 그 생각 안에 갇히게 만든다.

우리 뇌에서 자주 일어나는 부정적인 사고의 순환을 짧게 줄이거나 끝내야 한다. 그러려면 부정적인 생각이 계속될 때 어떻게 할 것인지 행동 계획을 세워라. 감정에서 벗어나는 법을 떠올리려 하지 말고, 모든 것을 중단하거나 다른 일을 하라. 조깅을 하러 나가거나 장소를 옮겨라. 이렇게 하면 뇌와 몸이 완전히 기어를 바꾸어 전혀 다른 곳에 집중하게 된다. 이로써 부정적인 생각의 순환이 깨진다.

세분화하라

만약 즉각적인 결과를 얻을 수 없다면 다른 일들과 병행하며 장기적인 목표에 집중하기가 힘들어진다. 현실적인 또는 잠재적인 장애물이 닥쳐도 장기적인 결과에 계속 집중하자.

목표를 세분화하는 것이 꾸준히 갈 수 있는 방법이다. 세분화하면 매일 노력해서 이룰 수 있는 목표가 생길 것이다. 작게 쪼개진 목표는 작은 승리를 자주 누리게 해준다. 여러 번의 작은 성공은 계속해서 노력하고 장기적인 목표에 집중할 동기를 제공한다.

장기적인 목표를 적고 이를 이루기 위해 해야 할 작은 목표들을 마인드맵으로 그려보자.

인생을 통제하고 감정을 통제하자

멘탈력을 개발하려고 노력하다 보면 통제력도 좋아질 것이다. 인생을 통제하고 감정을 통제하자. 주도권이 스스로에게 있다고 느낄수록 장애물을 극복하고 복잡한 일을 해결할 수 있다는 자신감이 더 높아질 것이다.

목표와 관련된 필요한 기술을 익히지 못했다면 주도권이 상실한 느낌이 들 것이다. 이는 당신이 제대로 준비가 되지 않았다고 생각하게 만들기 때문이다. 필요한 기술이 부족하니 어려운 일 앞에서 더 쉽게 포기해버릴 수 있다.

멘탈력을 개발하려면 필요한 기술은 완전히 익혀야 한다. 어떤 일에 전문가가 되면 자신을 믿게 되고 기술과 능력에 자신감이 생긴다. 이런 자신감은 회복 탄력성을 늘리고, 패배에 굴복하기보다는 밀어붙이게 만든다.

자주 회복할수록 극복도 쉬워진다

좌절했을 때 다시 일어나는 것은 직관적으로 되지 않는다. 의도적으로 배워야 하는 것이다. 지금까지의 경험으로 당신은 실패한다고 해도 큰 사단이 나거나 끔찍한 최후를 맞지는 않는다는 사실을 이미 알고 있을 것이다. 실수 앞에서도 툭툭 털고 일어나 다시 일할 수 있다. 더 자주 회복할수록 더 쉽게 일어나게 될 것이다.

넘어져도 다시 재빨리 일어나는 방법에는 두 가지가 있다. 우선 실패에 대한 부정적인 생각을 즉각 정면으로 마주하고 생각을 정리하는 것이다. 그런 다음 당신의 능력과 창의력, 가치를 다시 생각하는 것이다. 이를 많이 연습할수록 더 동기가 부여되는 것을 느낄 수 있다. 그러면 넘어져도 금세 툭툭 털고 일어나 본능적으로 제자리로 가게 된다.

부정적인 감정을 재구성하라

'지루하다'는 단어를 들으면 어떤 생각이 드는가? 대부분 부정적인 감정을 떠올릴 것이다. 초조함, 좌절, 차분함, 만족, 짜증, 재미, 죄책감 성급함, 낙관주의나 비관주의 등 여러 단어가 생각날 것이다.

이제 이런 부정적인 감정을 재구성하자. 예를 들어 지루할 때 초조함을 느끼는 편이라면 그 이유를 알아내자. 아마도 당신은 빈둥거리면 시간 낭비이니 늘 무엇이든 해야 한다고 믿는 집안에서 자랐을 수도 있다. 이런 경우라면 한가롭게 보내는 시간이 쉬고 재충전할 기회라는 생각으로 바꿔야 한다.

변화에
대비하기

제12장

331 ~ 360

두려움이나 초조함을 잘 다루려면 계획적이어야 한다.

최악의 일 앞에서도 계획이 있다면 두려움을 다룰 수 있다.

심지어 두려워했던 일이 현실로 일어난다 해도 말이다.

꿈을 죽이지 말라

비옥한 땅에 보리 두 알이 나란히 누워 있었다. 첫 번째 알갱이가 말했다. "빨리 땅에 깊이 뿌리를 내리고 싹을 틔우고 싶어. 아름다운 꽃을 피우고 봄을 알리는 거지. 따듯한 햇살을 한껏 맞고 꽃잎에는 이슬이 맺힐 거야." 그 보리 알갱이는 자라서 아름다운 꽃이 되었다.

두 번째 알갱이는 말했다. "난 두려워. 땅에 뭐가 있을지 어떻게 알겠어. 가느다란 줄기를 냈는데 바람에 휙 날리면 꽃이 망가질지도 몰라. 더 안전해질 때까지 기다릴래." 두 번째 알갱이는 내내 기다리다가 지나가던 닭에게 먹히고 말았다.

··· 교훈 ···

꿈이 있다면 행동으로 옮겨라. 작더라도 첫걸음을 떼는 것이 큰 차이를 만든다. 모든 상황이 완벽해질 때까지 기다리고 앞일을 걱정만 한다면 결국 아무것도 하지 못하고 끝날 것이다. 꿈을 죽이지 마라. 자신을 믿고 아무리 작더라도 첫걸음을 떼라.

게으름은 무기력을 낳는다

편히 쉬는 시간, 약간 게으른 여유도 필요하다. 몸이 쉬고 싶다고 보내는 신호들을 무시하면 번아웃이 온다. 번아웃이 게으름보다 당신의 업무 능력과 생산성에 훨씬 더 큰 위협이다.

물론 계속 게으르게 지내다 보면 게으름이 익숙해진다. 아침에 알람이 울리면 침대에서 바로 나오는 대신에 일시 정지 버튼을 누른다고 상상해보자. 몇 분이 지나 알람이 다시 울리면 또 일시 정지 버튼을 누를 것이다. 그리고 이를 반복하다가 둔한 몸으로 침대에서 일어났을 때는 이미 지각일 것이다. 미적거리며 시작한 아침은 하루 전체에 영향을 끼친다.

게으르면 무기력해질 수 있다. 나태는 문제 앞에서 끈질기게 계속 나아가기 힘들게 한다.

유연하게 사고하라

변화만이 유일하게 영원하다. 그렇다면 유연성과 적응력은 개발해야 할 가장 중요한 특징일 것이다. 사고가 유연하면 긍정적인 시각이나 부정적인 시각만 고집하기보다는 행동이 가져다줄 다양한 결과를 고려할 수 있게 된다.

모든 사람이 당신과 똑같이 보리라고 예상하지 않아야 한다. 남들의 관점이 다르다는 사실을 깨닫는다면 정확하지 않은 결론을 성급하게 내지 않고, 더 나은 판단을 위해 기다릴 줄 알게 된다. 사고가 정말 유연한 사람은 주어진 상황에서 더 도움이 되는 쪽으로 자신의 성향을 조정할 수 있다. 또한 지금 느끼는 감정을 앞으로 계속 느끼게 되리라고 예상하지 않는다.

주눅 드는 상황 앞에서도 '이것이 경험이 되어 자신감이 높아진다'고 기억하라.

당신의 몫을 인정하라

당신에게 불리하거나 윤리적으로 도저히 인정할 수 없는 일이라 해도 이를 더 긍정적으로 바라보려 노력하자. 무엇이든 있는 그대로 받아들이는 연습을 하자.

수용과 인정은 당연히 어려운 개념이다. 그래도 마음을 여유롭게 가져보자. 인정이란 무엇인지 있는 그대로 받아들인다면 어떤 기분이 들고 어떻게 행동하게 될지 시각화해보자. 인내심을 충분히 발휘하고 당신 자신을 이해하자. 당신도 사물을 점차 다르게 보게 되고 모든 상황에서 더 차분해질 것이다.

자신을 믿어라

당신이 진정으로 자신을 믿는다면 그 무엇도 당신을 막을 수 없다. 당신에 대한 신념을 굳히면 100퍼센트 성공할 것이다. 자신감이 부족하다면 할 수 없는 일만 눈에 보인다. 약점에 더 민감하게 반응하기 때문이다. 다른 사람에게는 쉬운 일 같은데 당신만 계속 실패한다면 스스로를 믿기가 거의 불가능해질 것이다.

목표를 이루기 위해 필요한 건 무엇이든 열심히 연습하라. 그러면 금방 발전할 것이다. 자신감이 높아지고, 사람들을 더 잘 관리하고, 확신과 방향성이 분명해지며, 남들에게 영감을 줄 수도 있을 것이다.

감사하는 태도를 갖추라

감사하는 태도를 가져라. 이는 현재 가진 것에 감사해하고, 그 마음을 기꺼이 표현하며, 친절을 돌려주는 자질이다. 감사를 더 잘 표현하게 되면 행복해질 거대한 힘이 생긴다. 인생에서 좋은 것만 볼 줄 알게 되고, 의미 있는 인간관계를 더 잘 쌓으며, 멋진 경험이 늘어난다.

남의 집이나 자동차, 부부 관계, 직업, 가족 등을 부러워하는 데 시간을 낭비하지 말라. 가진 것에 감사하라. 어깨 너머로 훔쳐보고 남을 부러워하기보다는 자신이 이룬 것과 앞으로 이룰 것에 집중하라.

오늘 무엇을 감사할까? 누구에게 친절을 베풀 수 있을까?

자신의 한계를 인정할 필요 없다

꿀벌은 몸에 비해 날개가 너무 작아 나는 것이 공기역학적으로 불가능하다. 하지만 꿀벌은 잘만 날아다닌다. 종종 위대한 일은 자신의 한계를 알지 못하거나 인정하지 않는 사람들에게서 일어난다.

인생에서 서 있는 위치와 운명에 대한 책임은 바로 당신에게 있다. 어떤 이들은 부모나 스승, 때로는 남을 원망하고 상황을 탓하거나 운이 없다고 불평하기도 한다. 어떤 사람은 교육을 제대로 받지 못했다거나 자라온 환경에 불만을 드러낸다. 하지만 우리는 교육을 받지 못하거나 안 좋은 집안 출신이어도 끈기와 헌신, 결단으로 크게 성공한 사람들을 알고 있다.

상황을 남 탓으로 돌리면 책임감이 사라지고 인생과 행동을 통제하지 못하게 된다. 인생의 방향을 긍정적으로 바꾸기 위해 즉시 행동하라. 실수에서 배워라. 실패를 궁극적인 목표를 이루기 위한 경험으로 보아라. 실패란 없다. 오직 피드백만 있을 뿐이다.

자신을 손님 대하듯 하라

우리는 타인을 위해서는 어떤 일이라도 하지만 자신에게는 '좋아해'라고 말하기조차 힘들어하기도 한다. 당신을 특별한 손님처럼 대접하라.

절대적인 사실은 당신이 자신을 대하는 법, 타인을 대하는 법, 그리고 타인이 당신을 대하는 법은 모두 연결되어 있다는 것이다.

스스로를 더 잘 대하려면 자신을 사랑하고 감사하는 마음에서 시작해야 한다. 당신 자신과 감정, 생각을 식물처럼 다루라. 잘 자라는지 보고 싶어서 물을 주는 사람은 바로 당신이다. 만약 친구에게 당신을 어떻게 생각하냐고 묻는다면 뭐라고 대답할까? 당신의 강점은 뭐라고 할까? 당신의 가장 사랑스러운 점은 뭐라고 할까? 친구들에게 물어보자. 그러면 당신 자신을 좀 더 사랑하게 될 것이다.

목표는 구체적이어야 한다

목표를 매우 구체적으로 정하라. 어설픈 목표는 아무런 쓸데가 없다. '더 빨리 달리기', '다이어트', '부자 되기' 같은 식으로 세우지 마라. 이런 말은 아무런 의미가 없다. 구체적인 말은 목표가 결과 중심이 아닌 수행 중심이 되게 한다. 목표가 구체적이어야 피드백을 받을 수 있다. 그래서 필요하면 목표를 조정할 수 있다. 목표를 최대한 많이 통제하라.

어떤 목표라도 당신에게 이익이 되도록 행동을 발전시키거나 변하게 해야 한다. 긍정적이고, 정확하고 글로 적어야 효과적이다. 100퍼센트 장담하건대, 이렇게 하면 당신은 더 성공할 수 있다.

자신에게 묻는다

감정을 확인해야 더 잘 통제된다. 이런 질문을 해보자.

"지금 내 기분이 어떤가? 왜 이런 기분을 느끼는가? 이 상황을 다르게 생각할 수 있을까? 이런 감정은 어떻게 하면 좋을까? 이런 감정을 어떻게 대해야 더 좋을까?"

여러 방법을 구상한다면 당신은 생각의 프레임을 다시 짜게 될 것이다. 이는 극단적인 반응을 수정시켜준다. 이 방법이 습관화되려면 시간이 걸린다. 하지만 머릿속으로 계속 연습하면 조금씩 더 쉬워질 것이다.

감정을 관찰한다

멘탈력을 기를 때 중요한 점은 감정 조절이다. 이 또한 잘하려면 시간이 걸린다. 각자의 능력에 따라 심지어 비이성적인 감정에도 큰 영향을 받을 수 있다.

부정적인 감정이 생긴다면 재빨리 살피고 이렇게 물어보자. "이 감정이 이성적인가?" 이런 감정들 때문에 당신이 앞으로 나가지 못하게 될 수도 있음을 반추하자.

섣불리 판단하는 대신 매일 5분간 명상하면서 차분히 감정을 관찰하자. 좌절했던 순간을 털어버리고 결과가 보장되지 않아도 행동을 시작하는 데 익숙해져라. 마음이 상황을 적극적으로 주도하도록 훈련하라.

현재에 집중한다

시간과 에너지를 부정적인 내적 대화로 소비하지 말자. 부정적인 내적 대화를 최소화하는 데 시간과 에너지를 쏟는 게 훨씬 더 현명하다. 만약 부정적인 내적 대화를 긍정적으로 바꿀 수 있다면 행복의 정도가 즉시 달라질 것이다. 행동과 능력을 제한시키는 생각이 줄어들 것이다.

의식적으로 현재에 집중해야 한다. 긍정적인 변화는 현재에서 만들 수 있다. 성공한 사람들은 현재를 사는 이들이다. 과거나 미래를 생각하는 데 더 많은 시간을 보내는 사람들은 대개 걱정이 많다.

단순한 명상의 힘

오늘 잠깐이라도 명상을 해보자. 수정을 들고 앉아 만트라를 중얼거리며 기를 모으라는 게 아니다. 눈을 감고, 들고 나는 숨에 몇 분간만 집중하자는 것이다. 현재에 집중하라. 당신의 숨소리를 들어보고 몸의 모든 근육에서 힘을 빼라.

명상은 모든 마감 시간과 당신을 향한 기대, 힘겨운 스트레스에서 한숨을 돌리면서 세상에서 잠깐 벗어날 수 있게 돕고, 제대로 호흡할 수 있는 기회를 준다.

과학자들에 따르면 명상은 전대상피질의 활동을 돕는다. 이 부위는 주의력과 결단력, 충동 억제력, 감정 반응을 담당한다.

당신은 언제든, 어디서든 짧게 명상할 수 있다. 그저 혼자 5분 정도 조용히 앉을 장소만 있으면 된다.

해내기 위해서는 헌신해야 한다

당신에게 목표가 있을 것이다. 목표는 카페인 줄이기, 헬스장에 매일 가기, 프레젠테이션 준비하기 등 작든 크든 상관없다. 이를 해내기 위해서는 완전히 헌신해야 한다. 나는 언제나 '전념'이라는 단어를 '전부 아니면 아무것도 아닌 것'으로 보았다. 50퍼센트만 전념한다면 이는 진지하게 노력하는 것이 아니라 그냥 한번 해보는 것일 뿐이다. 시도는 전념하는 것과 다르다. 전념에는 정도가 없다. 전념하든지 아니든지 둘 중 하나다.

100퍼센트 전념하지 않으면 스스로에게 쉽게 설득당하고, 핑곗거리를 떠올리며, 은근히 탈출을 바라고 위험 지역에 자신을 놓게 된다. 어떤 가정이나 핑계, 탈출 없이 100퍼센트 전념하라.

오늘 100퍼센트 전념할 것은 무엇인가?

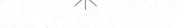

단호한 결정이 당신을 인도할 것이다

야심차게 목표를 세웠다면 많이 노력해야 한다. 또 계속 결정을 내려야 할 것이다. 단호하고 구체적인 결정을 더 확고히 내려야 한다. 당신이 내린 결정이 당신을 인도할 것이다. 당신이 가는 길에 어려운 일이나 좌절이 생겨도 앞으로 나갈 방법을 알려줄 것이다.

결정이 확고하면 힘든 시기에는 이를 잘 이겨내도록 도와주고, 편한 시기에는 목표에 더 집중하게 한다. 당신의 결단은 당신이 무엇을 원하는지 결정하는 것, 그리고 무슨 일이 일어나도 계속 이어나가는 것에서 시작한다.

잠재의식과 성격은 당신의 안전지대다

무의식은 당신이 가질 자격이 있다고 믿는 것만 가져야 한다고 생각한다. 부정적인 생각에 집착한다면 당신은 덜 받아야 한다고 생각할 것이다. 스스로를 편협하게 본다면 '가난해도 괜찮다'고 생각하게 될지도 모른다. 잠재의식은 당신이 올라가지 못하게 잡아둘 것이다.

잠재의식과 성격은 당신의 안전지대다. 안전지대 밖으로 나가면 불확실한 감정이 생기고 종종 두려워진다. 하지만 미래의 당신을 위해 과감해짐으로써 잠재의식의 한계를 깨뜨릴 수 있다. 사람들에게 당신의 목표를 말하면 잠재의식에 강한 인상이 새겨진다. 하지만 여기서 그치지 말고 행동에 옮겨야 한다. 당신이 목표를 향해 가면서 행동한다면 만족감을 느끼게 될 것이다.

손에 닿는 것에 집중하라

상황은 좋든 나쁘든 언젠가는 변한다. 그 무엇도 영원하지 않다. 상황이 바뀌면 당신의 인생에도 빛이 들어올 것이다. 통제할 수 없는 것에 에너지를 낭비하지 말고 손이 닿는 것에 집중하자.

당신이 언제나 통제할 수 있는 것은 바로 당신 자신이고 상황에 대한 반응이다. 당신이 영향을 끼칠 수 없는 것 중 일부가 영향을 끼칠 수 있는 것의 전후 사정을 결정한다. 이를 조심하되 너무 신경 쓰지 말라. 당신의 영향 아래에 있는 것들에 집중하고 에너지를 쏟으면 원하는 결과에 훨씬 더 가까워진다.

당신이 영향을 주고 조절할 수 있는 것에만 집중하라.

유연하게 사고하라

상황이 안 좋을 때에도 유연하게 사고해야 한다. 어떤 목적에 따라 행동하려면 적응할 줄 알아야 한다. 우리는 대부분 변화를 두려워한다. 예상 가능한 일을 좋아하는 이유는 불확실성이 적기 때문이다. 불확실한 일을 두려워하는 것은 행동의 가장 큰 방해물이다. 유연하게 사고하는 습관을 들이기 위해서는 안전지대에서 벗어나야 한다. 그러면 삶에 변화를 적극적으로 모색하게 될 것이다.

이렇게 하면 상황 변화에 둔감해지고 참을성이 좋아진다. 인내심이 생기며 두려움은 자연스럽게 사라질 것이다.

미리 준비하라

두려움이나 초조함을 잘 다루려면 계획적이어야 한다. 최악의 일 앞에서도 계획이 있다면 두려움을 다룰 수 있다. 심지어 두려워했던 일이 현실로 일어난다 해도 말이다. 이는 개인적인 삶과 직업적인 삶 모두에 적용된다.

하고 싶지만 약간은 두려운 일을 명확히 파악하라. 종이를 꺼내 세로로 세 칸을 그리자. 첫 번째 칸에는 두려워하는 것을 구체적으로 적어라. 어떤 일이 가장 두려운가? 두 번째 칸에는 그 일로 벌어질 상황, 또는 일이 발생했을 때 받을 영향을 줄이는 방법을 모두 적어라. 세 번째 칸에는 두려워하던 일이 실제로 일어났을 때 벌어질 최악의 일들을 적어보자.

이렇게 묻는 게 중요하다.

"아무것도 하지 않는다면 어떤 일이 벌어질까? 혹은 하고 싶은 일을 안 한다면 그 대가는 무엇일까?"

계획을 세워라. 미리 준비하라. 계획을 행동에 옮기기로 했을 때 일어날 일을 지켜보라.

불안한 게 정상이다

불안은 초조함과 걱정, 두려움이 만연한 감정이다. 불안은 인간이라면 누구나 느끼며, 위협적이거나 통제할 수 없고 피할 수 없다고 여기는 상황과 연관이 있다. 누구나 느끼는 감정이지만 만약 당신이 이를 잘 대처하지 못하고 계속 걱정하고 불안해한다면 문제가 될 수 있다.

밖에 나가서 신선한 공기를 마시며 산책을 하거나, 10분간 명상하거나, 숨을 천천히 내쉬고 들이마시면서 불안함을 줄여보자.

심호흡의 중요성

숨을 깊이 쉬는 연습은 부정적인 생각의 고리를 끊는 데 매우 효과적이다. 5분만 짬을 내어 숨을 천천히, 깊이 쉬어 보자.

심호흡을 제대로 하면 부교감 신경계가 활성화되어 차분해지고 스트레스가 차단된다. 이 방법을 잘 활용한다면 약간 흥분한 상황에서 도움이 될 것이다. 자주 연습한다면 더 어려운 상황에서도 쉽게 실천할 수 있게 된다.

우선 부정적인 감정의 고리를 줄이기 위해 몇 번 시도해보라. 그러면 어려운 상황에서 회복하는 데 도움이 될 것이다.

감사하는 태도를 갖추라

열심히 운동하고 몸에 좋은 음식을 먹으면 건강해지는 것처럼, 멘탈력도 건강하게 발전시킬 수 있다. 예를 들면 '감사하기'가 있다. 시간을 들여 감사한 것들을 곰곰이 생각해보자. 당신은 좀 더 긍정적인 감정을 느끼고, 더 생기가 생기며, 잠을 더 잘 자게 되고, 공감과 친절을 표하고, 심지어 더 면역체계가 건강해질 것이다.

이 습관을 극대화하려면 매일 새로이 감사할 거리를 찾아야 한다. 감사 일기를 쓰자. 하루의 시작과 끝에 감사한 것, 감사한 이유를 세 가지씩 적어보자. 그 모든 목록들을 주말마다 읽으며 상기시키자. 감사 일기를 쓰다 보면 집중하는 대상을 조정하게 되어 상황이 서서히 다르게 보일 것이다.

머릿속에서 빠져나와라

머릿속 꿈꾸는 삶을 더 좋게 만들려면 행동으로 옮겨야 한다. 지나치게 생각을 많이 한다면 자기 자신을 괴롭힐 것이고, 도움이 되지 않는 생각을 곱씹으면서 자칫하면 생각 속에 갇히게 된다. 인생을 발전시키고 행복해지길 원한다면 이런 행동을 멈춰야 한다.

실제적이고 흥미진진한 삶은 늘 당신의 생각 밖에 존재한다.

행동해야 한다. 그 어떤 행동이라도 좋다. 생각에서 빠져나와 세상으로 나가라.

당신을 발전시킬 수 있는 행동을 해라. 난생 처음 하는 행동에는 노력이 필요하다. 오늘, 당신에게 도움이 되는 가장 중요한 행동을 해보자. 실천으로 옮기자.

적극적으로 경청하라

다른 사람과 대화할 때 우리의 집중력은 믿기 힘들 정도로 좋아진다. 대화하는 동안 한눈팔지 말고, 말을 끊지 말고, 집중하고 있음을 보여주기 위해 상대방의 말을 자주 되짚어보고 "알겠어요", "그렇군요", "네" 같은 추임새를 섞으며 적극적으로 경청해보라.

이 듣기 기술은 당신이 흥미롭고 좋은 사람이라는 인상을 줄 뿐 아니라 상대방에게 더 집중하는 훈련이 되어준다.

실수는 새로운 기회다

스코틀랜드의 과학자인 알렉산더 플레밍이 1928년 작은 실수를 하지 않았다면 지난 90년간은 매우 다른 모습이었을 것이다. 플레밍은 휴일에 실수로 놔둔 페트리 접시에 푸른 곰팡이가 생긴 것을 보고 항생제 페니실린을 개발했다. 곰팡이가 생겼지만 박테리아는 없어졌다는 사실을 깨달은 결과였다.

그때부터 감염을 억제하는 약이 수백만 명의 목숨을 구했다. 실수는 종종 기회를 제공한다.

움직이지 않으면 아무 일도 일어나지 않는다

행동에 옮기기로 결단하는 것이 중요하다. 물론 상황에 반응하기 전에 사태를 충분히 파악하고 성찰과 사색도 필요하지만, 결국은 행동을 해야 한다.

인생은 예측할 수 없고 행동과 결정의 결과는 늘 불확실하다. 하지만 결국 행동에 옮겨야만 한다. 이런 마음가짐은 용기를 주고 머뭇거리지 않고 어려운 일에 도전하게 만든다.

받아들여라

　이미 일어난 일은 받아들여라. 유일한 방법은 그 일을 겪어내는 것이고, 그러기 위해서는 진실이 무엇이든 먼저 받아들여야만 한다. 무시하거나 일어나지 않은 일인 것처럼 굴지 마라. 그저 인생에는 으레 고통스러운 일이 일어난다는 사실을 인정하라. 받아들이면 극복하는 데 도움이 되고 다시 제자리로 돌아올 수 있게 된다.

　힘든 일을 겪을 수도 있다는 사실을 인정하지 않으면 그 누구도 어디로든 나갈 수 없다. 일어난 일을 받아들이는 데도 힘이 필요하다. 그러니 현실을 부정하지 말고 교훈을 찾아라.

친절한 미소가 관계를 결정한다

힘든 일을 겪을 때 좋은 관계를 쉽고 빠르게 맺는다면 당신은 더 강해질 것이다. 친밀한 관계를 맺고 싶다면, 말과 보디랭귀지는 일치해야 하며 위협적이지 않아야 한다. 무엇보다 친절한 미소 한 번이 친근하게 보이기 위해 사용할 수 있는 가장 강력한 비언어적 기술이다. 말이 빠르면 당신이 초조하고 흥분했으며 자신감이 없다고 보일 수 있다. 되도록 천천히 말하자. 자기 확신이 있는 사람은 천천히 말하는 데 반해 무분별한 사람들은 말이 빠르다.

오늘 미소를 띠고 천천히 말하면서 좋은 관계를 맺는 연습을 해보고 무엇이 달라지는지 관찰하자!

감정 반응 자제하라

역경의 한 가운데 있는가? 더 나은 결정을 내리기 위해 감정 반응을 자제하는 법을 배울 수 있을 것이다. '감정 반응 자제하기' 프로세스에서 객관성 또는 새로운 관점을 활용할 기회를 얻을 것이다. 이는 성과를 내기 위해 어떤 행동과 반응이 필요한지 명확히 하는 데 도움이 된다. 놓친 전략이 무언지 알기 위해 가끔 실패하는 것도 필요하다.

기본 전략과 프로세스가 효율적일수록 멘탈을 강화시키기가 더 쉬울 것이다. 그런 프로세스의 안정성이 당신이 의지하고 버틸 힘을 주기 때문이다. 강렬한 감정도 전혀 나쁜 게 아니다. 감정과 강한 느낌은 삶을 흥미롭게 한다. 그리고 가끔 감정적으로 벅차오르는 것도 극히 정상이다. 놀라운 일이 일어나거나 끔찍한 사건이 벌어질 수도 있고, 무언가 놓쳤다는 기분이 들 때도 있으니 말이다.

감정을 숫자판 누르듯이 조절할 수는 없다. 하지만 필요할 때 사용할 전략과 계획을 세워뒀다면 감정을 조절하는 데 도움이 된다.

목표를 세워 수시로 평가한다

장기적인 목표가 있나? 이를 정기적으로 평가하면 기대의 현실 가능성을 판단하는 데 도움이 된다. 가장 빨리 낙담하는 경우는 목표가 비현실적이거나 성취 불가능할 때다. 좌절감이나 패배감을 겪지 않으려면 목표가 현실적이어야 한다.

주말마다 이를 점검하라. 궁극적인 목표를 이루기 위해 무엇이 가장 도움이 될지 쉽게 판단할 수 있게 될 것이다. 세분화한 목표를 기본으로 구축하면 더 큰 목표를 이루는 데 가까워질 수 있고 계속 나아갈 동기와 추진력이 생긴다.

장기적인 목표를 적어서 벽에 붙여놓고 매일 쳐다보자!

실패 경험
잊기

제13장

361 ~ 365

과거는 과거임을 명심하라.
앞으로 나가기 위해서는 앞을 봐야 한다.

부정적인 경험에서 멀어지고
신나고 새로운 기회를 향해 오늘, 행동하자.

힘든 일 앞의 반응은 각기 다르다

딸이 어머니에게 인생이 얼마나 힘들었는지 털어놓았다. 딸은 도대체 어떻게 살아야 할지 몰라 포기하고 싶다고 말했다. 발버둥 치는 데 지쳤고 하나를 해결하면 또 새로운 문제가 일어나는 것 같다고 말했다.

어머니는 딸을 부엌으로 데리고 갔다. 그리고 냄비 세 개에 물을 채운 다음 불 위에 각각 올려놓았다. 이내 냄비가 보글보글 끓기 시작하자 첫 번째 냄비에는 당근을, 두 번째에는 달걀을, 마지막 냄비에는 커피 원두를 넣었다. 그러고는 끓게 놔두고 한마디 말도 하지 않다가 20여 분이 지나자 불을 껐다. 어머니는 당근과 달걀을 꺼내 각각 접시에 담고 커피도 국자로 떠서 접시에 놓았다.

그러고는 딸에게 이렇게 물었다. "자, 뭐가 보이니?" 딸은 "당근하고 달걀, 커피가 보여요"라고 대답했다. 어머니는 딸을 더 가까이 데려가 당근을 만져보라고 했다. 딸은 당근이 부드러워졌다고 했다. 어머니는 이번에는 딸에게 달걀을 가져가 깨뜨려보라고 했다. 딸이 껍데기를 벗기자 단단하게 삶은 달걀이 나왔다. 마지막으로 어머니는 커피를 맛보라고 했다. 딸은 풍성한 향기를 맡으며 커피를 마셨다.

딸이 물었다. "어머니, 이게 다 무슨 뜻이에요?" 어머니는 이 세 가지 음식은 똑같은 역경을 겪었지만 반응은 다 달랐다고 설명했다. 단단했던 당근은 끓는 물을 만나자 부드러워지고 약해졌다. 연약한 내부를 지키던 얇은 달걀 껍데기는 끓는 물 안에서 안을 단단하게 바꾸었다. 커피 원두는 독특했다. 끓는 물을 변화시켰다.

··· 교훈 ···

힘든 일이 닥쳤을 때 어떻게 반응하는가? 당신은 당근인가, 달걀인가, 커피인가? 가장 행복한 사람은 모든 걸 가진 사람이 아니다. 자신에게 오는 것들을 최대한 활용하는 사람이다. 가장 밝은 미래는 과거를 잊으면서 시작한다. 과거의 실패와 문제들을 보내야만 인생길에서 앞으로 나갈 수 있다.

마음의 정원을 가꿔라

당신의 마음이 정원이라고 해보자. 토양은 비옥하고 식물이 자랄 준비가 되어 있다. 부정적인 생각이 들 때마다 그 흙에 잡초를 심는다고 가정해보자. 긍정적인 생각이 들 때는 꽃을 심는다. 하루를 마칠 때, 그날 잡초를 심었는지 꽃을 심었는지 혹은 둘 다 심었는지 가만히 생각해보자.

꽃을 잔뜩 심었다면 행복하고 기분이 좋을 것이다. 만약 잡초가 잔뜩 자랐다면 슬프고 우울하거나 부정적인 행동을 할지도 모른다.

매일매일 잡초가 아닌 꽃을 심자. 단 하루, 며칠로는 그 어떤 중대한 변화도 일어나지 않을 것이다. 성공은 끊임없는 변화의 결과다. 시간이 걸리는 과정이다.

만약 나쁜 습관을 고치고 싶다면 매일 실천해야 한다. 그래야 특정한 변화가 생길 공간이 만들어진다. 예를 들어, 날씬해지고 싶다면 운동을 하루만 해서는 아무 소용도 없을 것이다. 몸이 좋아지는 증거를 보고 싶다면 매일 운동해야 한다.

지난 1년 되돌아보기

지난 1년 동안 스스로에 대해 무엇을 배웠나? 개인적으로, 직업적으로 성장했다고 느끼는 점을 열 가지만 적어보자.

피드백 주고받기, 시간 관리, 실패에서 배우고 성장 기회로 보기 등 구체적으로 생각해보자. 어쩌면 인내심이나 인정이 더 많아졌을 수도 있다.

목록을 읽어보니 어떤 마음이 드는가? 부정적인 내적 대화를 하지 않게 되어 스스로가 자랑스럽다면 뇌의 회복 탄력성이 높아진 것이다.

목록을 자주 읽어서 이 놀라운 업적을 내면화하라. 읽을 때마다 내적 대화의 내용이 더 좋아질 것이다. 이런 생각의 변화는 자신감을 키워줄 것이다.

2,000년 된 진실

스토아학파인 그리스 철학자 에픽테토스는 멘탈력을 가르친 바 있다. 그의 지혜로운 격언들은 2,000년이 지났어도 여전히 진실로 여겨진다.

"누군가의 잘못으로 마음이 상했다면 자기 자신을 돌아보고 자신의 단점을 살펴라. 그러면 분노가 사라질 것이다."

"위대해지기로 결단하고 필요한 일을 하라. 바로 지금."

"일어난 일을 나에게 유리하게 만드는 힘은 내 안에 있다."

"당신을 화나게 하는 사람이라면 누구든 당신의 스승이 된다."

"자유는 인생에서 유일하게 가치 있는 목표다. 자유는 우리의 통제 너머에 있는 것들을 무시함으로써 얻을 수 있다."

나아가기 위해서는 앞을 봐야 한다

지금 상실이나 상심에 빠져 힘겨워할지도 모른다. 정신 건강과 멘탈력은 부정적인 장소에서 계속 행복해지려 노력하지 않는다면 절대 발전하거나 개발되지 않는다.

당신에게 해롭거나 파괴적이었던 사람들은 늘 그런 식으로 행동할 것이다. 그 사람들은 여전히 한심하다. 그 관계는 여전히 해롭다.

과거는 과거임을 명심하라. 앞으로 나가기 위해서는 앞을 봐야 한다.

부정적인 경험에서 멀어지고 신나고 새로운 기회를 향해 오늘, 행동하자.

나오며

누구나 좌절의 시기가 있고 때로는 불행에 빠지기도 한다. 이는 살아 있는 한 누구도 피할 수 없다. 중요한 점은 이 일들에 어떻게 반응하는지 여부다. 나는 여러분이 이 책에 적힌 여러 아이디어들을 활용해 기운을 북돋고, 자신을 발전시키고, 옳은 결정을 내리는 데 도움을 받길 바란다.

당신은 당신의 생각보다 훨씬 강한 사람이다. 당신은 당신이 아는 것보다 더 많은 자원을 가지고 있다. 만약 그 자원들을 활용하지 않고 당신이 얼마나 놀라운 사람인지 알지도 못한다면 그만한 비극도 없을 것이다!

당신의 그 무궁한 잠재력을 무덤까지 들고 간다면 얼마나 큰 낭비인가. 이제 안전지대에서 나와 위험을 무릅쓰고 한 번도 시도해보지 않은 일들을 시작해보자. 자, 준비되었는가?

인생의 문제를 해결할 해답을 찾아

지금 바로 떠나라!

페니 맬러리는 비교적 특권층이라 할 수 있는 집안에서 태어났지만 어린 시절을 행복하게 보내진 않았다. 어머니는 심한 우울증(요즘은 조울증이라고 함)으로 고통스러워했으며 술을 많이 마셨고 줄담배를 피웠다. 아버지를 무척 따르긴 했지만 동시에 은근히 무서워하기도 했다. 페니는 성장기 내내 혼란스럽고 우울한 시절을 보낸 셈이다.

어렸을 때는 전반적으로 평범한 아이였다. 눈을 씻고 찾아봐도 특별히 뛰어난 분야가 없었다고 털어놓는다. 이러한 특징은 페니가 일곱 살 때 '노력상'을 받은 사실로 설명할 수 있다. 이 상이 '평범한 아이'라는 이유로 축하를 받은 첫 번째 경험이었다.

페니는 학교는 물론 그 어디서도, 집에서조차 잘 적응하지 못했다. 십 대가 흔히 그러하듯 비행을 저지르며 관심을 받으려고 했다. 사실 나름대로는 내적 힘과 독립심이 형성되기 시작한 시기였다. 하지만 학업 성적과 태도는 점점 더 하강 곡선을 그리면서 열네 살 때 집을 나가 다시는 돌아가지 않았다. 아버지와는 20년간 연락을 끊고 지냈다.

결국 페니는 삶의 통제력을 상실하고 바닥을 쳤다. 수년간 노숙자 쉼터와 이집 저집의 소파 신세를 전전하며 방황했다. 끝이 보이지 않는 어둠 속에서 헤맬 무렵, 어느 날 우연히 친구에게 돈을 빌려 평생의 꿈이었던 랠리 카(정해진 시간 내에 도로에서 장거리 운전을 펼치는 레이스)를 운전하게 된다. 랠리 카 운전 학교에서 보낸 첫날, 페니는 처음으로 '집' 같은 분위기가 무엇인지 알게 되었다.

운전 학교에서 세계적으로 유명한 사람들과 함께 지내다 보니 페니는 자신의 멘탈이 점점 강해지는 걸 느꼈고 마침내 어려운 도전에 성공해 우승을 거머쥘 수 있었다. 이런 과정을 통해 "우승하는 사람은 뭐가 다르지?"라는 질문에 대한 답을 찾아 헤매면서 인간이 감당할 수 있는 수행 능력의 매력에 사로잡히게 되었다.

페니는 12년간 쉼 없이 랠리 카를 운전한 후 모든 이의 예상을 뒤엎고 포드 모터 컴퍼니 팀으로 참가해 월드 랠리 챔피언십에서 레이싱을 펼친 세계 최초의 그리고 유일한 여성 참가자가 되었다. 자동차 관련 텔레비전 프로그램을 다수 진행했고 퍼포먼스 코치가 되기 위해 훈련을 받아 멘탈력에 관한 권위자가 되었다. 또한 인지 행동 치료Cognitive Behavioural Therapy, CBT에서 마스터 프렉티셔너Master Practitioner가 되었다. 7대륙 최고봉 중 두 곳에 올랐으며, 두 번의 권투 시합을 벌였고, 마라톤을 여러 번 뛰었으며, 인간 수행에 관한 책을 세 권 집필했다.

이제 페니는 멘탈력에 관해서 세계적으로 유명한 기조연설자이다. 이 책에는 당신의 멘탈력을 강화할 수 있는 365가지 방법이 모두 모여있다.

나는 해낼 수 있다는 믿음이 인생을 바꾼다

초판 발행 · 2022년 12월 30일

지은이 · 페니 맬러리
옮긴이 · 박혜원
발행인 · 이종원
발행처 · (주)도서출판 길벗
브랜드 · 더퀘스트
출판사 등록일 · 1990년 12월 24일
주소 · 서울시 마포구 월드컵로 10길 56(서교동)
대표 전화 · 02)332-0931 | **팩스** · 02)323-0586
홈페이지 · www.gilbut.co.kr | **이메일** · gilbut@gilbut.co.kr

기획 및 책임편집 · 이치영(young@gilbut.co.kr) | **마케팅** · 정경원, 김진영, 최명주, 김도현, 이승기
제작 · 이준호, 손일순, 이진혁 | **영업관리** · 김명자, 심선숙 | **독자지원** · 윤정아, 최희창

교정교열 · 이지은 | **디자인** · 김윤남
CTP 출력 및 인쇄 · 금강인쇄 | **제본** · 금강제본

▸ 더퀘스트는 ㈜도서출판 길벗의 인문교양·비즈니스 단행본 브랜드입니다.
▸ 잘못 만든 책은 구입한 서점에서 바꿔 드립니다.
▸ 이 책은 저작권법에 따라 보호받는 저작물이므로 무단전재와 무단복제를 금합니다.
  이 책의 전부 또는 일부를 이용하려면 반드시 사전에 저작권자와 ㈜도서출판 길벗(더퀘스트)의 서면 동의를 받아야 합니다.

© Penny Mallory, 2022

ISBN 979-11-407-0259-6 03190
(길벗도서번호 070506)

정가 17,000원

독자의 1초를 아껴주는 정성 길벗출판사

(주)도서출판 길벗 | IT교육서, IT단행본, 경제경영서, 어학&실용서, 인문교양서, 자녀교육서 www.gilbut.co.kr
길벗스쿨 | 국어학습, 수학학습, 어린이교양, 주니어 어학학습, 학습단행본 www.gilbutschool.co.kr